ETNOLOGÍA
LO QUE FUE –
LO QUE ES

ETNOLOGÍA
LO QUE FUE –
LO QUE ES

Ibn Batıtıūta

1304 - 1378

إبن بُطوطه

JUAN A. HASLER

Número de Control de la Biblioteca del Congreso
de EE. UU.:   2012920620
ISBN: Tapa Dura   978-1-4633-4258-6
                 Tapa Blanda   978-1-4633-4260-9
                 Libro Electrónico   978-1-4633-4259-3

Correo electrónico: jhasler@univalle.edu.co
                         j-hasler@hotmail.com

Este libro fue impreso en los Estados Unidos de América.

Para realizar pedidos de este libro, contacte con:
Palibrio
1663 Liberty Drive, Suite 200
Bloomington, IN 47403
Gratis desde EE. UU. al 877.407.5847
Gratis desde México al 01.800.288.2243
Gratis desde España al 900.866.949
Desde otro país al +1.812.671.9757
Fax: 01.812.355.1576
ventas@palibrio.com
432267

Contenidos

Capítulo IV

Capítulo V

Apéndices:

İntroducción

Los escritos académicos son de dos tipos, α] los de descripción y β] los de ordenamiento lógico y de comparación (§12,5: -*gráfico, -lógico*). En algunas instituciones existe, además, en un nivel más bien escolar, el género γ de la "sistematización".

La primera parte del presente trabajo, escito en Argentina, trata de la *Antropología que fue*, y fue requerida por el sistema político imperante en aquel momento y lugar, como un trabajo de sistematización: se trataba de hablar de lo que otros han hecho en el pasado remoto, de no mencionar el presente, ni de dar aportes personales. Lo último creo no haberlo logrado bien.

En los trabajos descriptivos, los aportes personales son fácticos. En los escritos en que hay tratamiento -*lógico*, los ordenamientos implican *discriminación*, palabra cuya raíz κρι- nos remite a sus singéneas *criterio* y *crítica*.

En su parte no histórica, este "libro de texto", es normativo. Además, es altamente crítico.

§0,0 Por su *esencia*, toda crítica es negativa, por cuanto que niega la validez del objeto lógico analizado.

Mas, cuando por su *efecto* la negación de una verdad antigua –llamada "**f**alsificación en filosofía– induce el proceso de producción de una **v**erdad nueva (paso de **f** a **v**), estamos en presencia de un resultado positivo.

No existe "crítica constructiva", sino efectos positivos de una crítica.

Estos efectos tal vez ya no haga mella en los autores cuya **v** hemos vuelto **f**, pero son la esencia misma del progreso en ciencias.

§0,1 No existe crítica positiva, pero no por ello las obras críticas deben ser consideradas automáticamente obras negativas –ni sus autores negativistas (como se pretende en las dictaduras).

§0,2 Este curso, en sus aspectos críticos, se inspiró principalmente en las increíbles condiciones y conceptos –que en inglés y alemán recibirían las designaciones griegas de *pathetic* y de *katastrophal*– en que se solazaban las personas de los que en mi fuero interno llamé de la *Revolución de los ancianos*. Lo que nos ilustra que hasta lo más *pitiful* puede dar resultados positivos al inducir un **f** → **v**.

§0,3 Aunque en la actualidad ya han de ser pocas las personas que creen que "antropología" es igual arqueología y que ésta es la ocupación ideológicamente inocua de hacer hoyos en la tierra y exhibir lo encontrado, sigue la necesidad de dar a conocer *lo que fue, lo que es* y posiblemente *lo que no es*.

A diferencia de los adormilados ancianos arriba mencionados, unas persona de "Los que nos mandan"[1] han despertado al conocer el caso de un señor que les explicó por qué en una fábrica sita en un lugar llamado Vijes, los obreros no podían con la montura de libros con "ingeniería de papel". Explicó que tenían «demasiados factores de distracción» en el caluroso hábitat de negros y que mejor trasladaran la manufactura al pie de monte, con obreras indias. Así ser hizo, y con buen resultado. El atinado señor había estudiado antropología, y su sugerencia puede ser calificada de etnología aplicada (§12,3,3). Los que mandan ordenaron a otra fábrica suya, que produce egresado destinados a ingresar a sus empresas, a que armaran a la carrera una carrera ad hoc. Como el nombre de un producto no importa, sino sólo su venta, dejaron que los señores "asesores curriculares" le pusieran el nombre que quisiesen y en otoño de 2006 va a "arrancar" (o sea, comenzar) una ciencia nueva, la *Antropología urbana*. Así le pusieron. Posiblemente podrán venderla a señoritas dispuestas a escampar ahí, en espera de ser requeridas por una familia con posibles, para su funciones generatrices. Por lo pronto, el programa ha causado mucha risa –hasta en la propia fábrica– siendo una colcha de ratazos hecha con asignaturas de otras disciplinas de intención pragmática. Habría sido más acertado llamar a su nuevo producto *Sociología aplicada*, o algo así.

A la misma ciudad llegó una señorita graduada en Antropología en la Capital, a buscar trabajo. Lo encontró: de kindergartnerina en un colegio británico.

§0,4 Cuando escribí este curso expliqué que "antropología" es, según muchas personas, lo mismo que "etnología", y que me daba perfectamente igual qué nombre se le ponía mientras siguiera enmarcado en la Historia de la cultura, sin menoscabo de lo sociológico.

Pero después de los dos casos aducidos, y los que menciono en nota 20 del Capítulo I, creo ahora que, por lo menos en algunos países, será bueno evitar el término de "antropología" –para no desprestigiarse.

---

[1]   Nombre de un libro argentino.

§0,5 Ígual que otros cursos del autor, éste, que era de "Antropología general", no ha tenido nunca una edición formal. Entre los días en que dicté el curso en la pampa, y ahora, han sucedido cambios, que sería de anciano adormilado, pasar por alto. Así es que he incluído informaciones nuevas, pero he querido dejar las viejas porque el antropólogo –perdón, el etnólogo– no sólo quiere ver las realizaciones de superficie, sino que se interesa por informaciones diacrónicas, lo que el presente caso se refiere a tecnologías recién superadas.

Capítulo I

Las ideas antropológicas en la Antigüedad

§1,0 Es posible que el interés por conocer a otros pueblos y costumbres haya caracterizado a las personas esclarecidas de todos los tiempos. Y en épocas protohistóricas existieron coleccionistas de objetos raros –arqueólogos en tiempos arqueológicos– causante de la presencia de piezas erráticas, fuera del contexto («fuera de la asociación») en que el investigador esperaría encontrarlos en condición normal. La difusión de objetos por comercio protohistórico o aun prehistórico, es un hecho cierto aunque con frecuencia insuficientemente reconocido por la investigación. Los monarcas antiguos no sólo coleccionaban objetos inanimados; llegaron a tener mascotas humanas, esclavos de otras raza, jardines zoológicos (así el rey de Tenochtitlān),[1] lo que en algunos casos puede ser la razón de osamentas o de plantas que sorprenden al investigador.

La transformación de la curiosidad del viajero, de sabios y de jefes de estado de tiempos ágrafos en una disciplina no pudo iniciarse sino[2] tímidamente cuando la transmisión de experiencias acumuladas encontró el poderoso conducto de la palabra escrita. Con todo, la falta de libros impresos seguía frenando el desarrollo de esta disciplina en ciernes. Frecuentemente las obras de historiadores y de geógrafos fueron olvidadas en poco tiempo. En otros casos perduró el renombre, pero no la obra.

---

[1]   La raya encima de una vocal indica que esta es "luenga", "larga" o "afectada por mora". El punto debajo de una vocal se emplea para señalar la sílaba que debe recibir el acento dinámico: Tenochtitlan (no Tenochtitlán).

[2]   Un escritor peruano se tomó la libertad de acentuar "sinó". Para recodar a los lectores que esta palabra no es aguda, es que la marcamos aquí con el diacrítico subscrito.

İnclusive después de inventada la imprenta hubo escritos que no fueron impresos sino 300 años después de muerto su autor, o sea, en un tiempo en que ya no pudieron influír en los lectores a los cuales, sin duda, estaban destinadas. En las línea siguientes habremos de citar tanto a autores que tuvieron ascendente inmediato y más o menos perdurable, como a otros que han quedado poco favorecidos por la suerte, y no lograron «crear escuela».

§1,1 Herodǫto (ca. 480-414 antes de la Era), ha sido llamado ocasionalmente del "padre de la etnología". Procedía de una colonia griega. Recopiló datos y no pretendió *expressis verbis* proclamar teorías, aunque se lee entre sus línea su concepto de atribuír las diferencias humanas a diferencias de clima. Empleó el método —probablemente con intención didácticas— de remitir al lector a hechos comparables con los que él menciona de otras partes, y con los de su propia cultura. Por limitada que sea la información especial del lector de hoy (§22,4,5), ha recibido mediante la prensa, la televisión, las revistas y sus propios viajes, informaciones de que carecía el lector de siglos antes. Pero Herodǫto describe y explica a sus lectores hechos nuevos refiriéndose a hechos viejos, lo que es un procedimiento didáctico correctísimo, pero si se le aplicara en libros científicos recibiría en la actualidad el motete de "comparativista". Hoy, unos veinte y tantos siglos después, se estilo describir una cultura sin hacer tales referencias (comp. más adelante §11,§23; §26).

§1,2 Entre los intelectuales griegos existió en un determinado tiempo la idea de que los βάρβαροι[3] tenían una serie de virtudes que los griegos habían tenido igualmente en un principio (Homero, Hesíodo). Esta idea antropológica implica el concepto del dinamismo cultural: no se compararon simplemente dos culturas notando sus diferencias, sino que se ha constatado que han acontecido cambios.

§1,3 Como los autores griegos son para nosotros las más antiguas fuentes escritas en que se encuentran preocupaciones por otros pueblos, hemos volver a ellos sin que esto signifique que deben haber sido los primeros hombres que desarrollaron ideas como las que estamos analizando aquí. Herodǫto, sin emitir teorías, expresa descriptivamente el contraste entre grupos en estado de avanzada cultura y grupos en estado cercano a la naturaleza. Con la guerra del Peloponeso, las oposiciones culturales se precisan en las mentes de los intelectuales. Y como diferencia entre culturas en contacto significa prácticamente oposición, esto es: se notó un conflicto. Fue Tucídides (455 a ca. 397 a. E.) quien descubrió este concepto sociológico. Mas, los adelantos logrados por

---

[3]   Bárbaroi 'bárbaros'. En lugar de β se puede emplear también ϐ.

Tucídides no hicieron escuela y se perdieron sin dejar huella en las obras del historiador Polibio (ca. 200-120 a.E.).

§1,4 En tiempos de Alejandro el Macedonio, las conquistas de éste ensancharon el horizonte etnográfico. De lado del este se llega a encontrar las figuras impresionantes de los ascetas hindúes, y los antaño idealizados σκύτοι (escitas) en el confín del mundo conocido, fueron reemplazados por los hiperbóreos, mientras que en el sur los etíopes (kušitas) que admirara Herodoto, fueron sustituídos por los antípodas. Entre los escritos de que tenemos noticias de esa época, están los de Onesícritos y de Megastenes, cuyos datos fortalecieron la opinión de sus contemporáneos, en el sentido de que en las culturas vecinas existen valores sumamente respetables. Es esta una constatación que con facilidad puede conducir –si no se le agregan informaciones– a la sobreestimación, esto es, a la "idealización" de las otras culturas; en este caso, la de los βάρβαροι. Siglos después, entre los romanos, se repitió el fenómeno (Horacio alabó la cohesión y la moral de la familia escita y geta; Propercio y Valerio Máximo apreció la fidelidad de la mujer hindú, que sigue a su marido a la muerte de este; Tácito ensalzó las virtudes del pueblo que describe sin haberlo conocido directamente: el de los germanos).

§1,5 El historiador Polibio (ca. 200-120 a.E.) introdujo un concepto nuevo en la disciplina de los procesos históricos: constató que los eventos no suceden en forma aislada o, para usar el término suyo, no acaecen "esporádicos", sino en forma interrelacionados. Los sucesos itálicos, libios, helénicos y asiáticos se encuentran en una relación de interdependencia, concepto con el que muchos siglos después operará la etnología histórica.

§,6 El mayor de los etnógrafos (o, si se prefiere, de los antropólogos) de habla griega fue el sirio helenizado Posidonio (nacido en Apamea ca. 135 antes de la Era, y muerto alrededor del año 51 de la Era). De su obra sólo se han conservado fragmentos. Estos denotan un estilo vivaz. Su datos han llegado a nuestros días a través de fuentes secundarias, es decir, a través de autores antiguos que lo citan.

Realizó viajes por las penínsulas Itálica e Hispánica y por Galia, llevando a cabo observaciones sistemáticas. El método de Posidonio se propone lograr la descripción total de la vida de un pueblo, destacándose como obra maestra su descripción de la psicología de los celtas. Carece su estilo de los contrastes que, como recurso literario y didáctico, notáramos en Herodoto, y de las idealizaciones que se hallan en tantos otros autores. Esto se debe tal vez al hecho de haber sido un □eld worker, un investigador que estudiaba sus objetos en forma directa, in sitū.

Además de estas virtud técnica (comp. §26), tienen sus trabajos niveles teóricos al establecer tipos.

Constató que los celtas y germanos están poseídos en gran parte por el θυμός (lat. ira, cupidĭtas, en cast. valentía, pasión),[4] es decir, que prevalece lo emocional. En contraste con ello, encuentra que los pueblos sureños tienen predominio del λόγος como consecuencia de la domesticación o civilización.[5] Posidonio encuentra grados de cohesión, grados de autocontrol, como resultado de control social inherente a la vida en civilidad. El hecho de ser él mismo un observador procedente de una región marginal distante, le ayudó sin duda mucho en la apreciación y justipreciación de los hechos de que tomaba nota. Con esto abordamos un tema interesante para el trabajo de campo del futuro investigador social: la conveniencia de tener por nacimiento, educación o autosuperación consciente, una distancia suficiente del objeto en estudio, junto con la necesidad de convivir ("observación directa" y "observación por participación") con él.

Sin usar términos expresos, Posidonio fue el primero en operar con el concepto de pueblo etnográfico o pueblo primitivo (o algún sustituto eufémico) que se maneja modernamente entre los investigadores. Dice que tales pueblos, al igual que las plantas y los animales, sólo se desarrollan bien en su propio ambiente, en su sitio de origen, y que en cambio pierden vitalidad al ser transplantados a regiones distantes (en sus ejemplos, al sur), donde pierden su θυμός, su salvajismo, su vigor, al igual que los animales domesticados. Implícitamente tenemos aquí otro concepto más: él la adaptación. Lamentablemente, no se pudo librar de la tradición de su época, al considerar que las diferencias de las razas originales -antes de su transplante- se debían a influjos astrales y atmosféricos. Esta concesión al simbolismo astral y mágico procedente del Cercano Oriente está en enorme contradicción con su aporte científico propio.

Las ideas antropológicas
en la Edad Media inferior

§2,0 Los disturbios que durante siglos inquietaron a Europa fuera y dentro del limēs, que condujeron a la destrucción de imperios y finalmente

---

[4]   De thymós deriva el término ciclotímico.
[5]   En la actualidad, los viajeros comentan una situación inversa. Como se ve, la razón del θυμός (thymós) no está en que un supuesto temperamento o la falta de temperamento sureño o nórdico estuviera inexorablemente determinado por el clima.

de la antiguo cultura greco-romana del Mediterráneo, causaron la pérdida de muchos manuscritos, la interrupción de muchos caminos del conocimientos humanos iniciados con visos de prosperidad.

Durante la Edad Media, la interrupción fue total en cuanto a visión antropológica se refiere. Aparte de las destrucciones, había un factor que es de tener en cuenta y que operó, y tal vez sigue operando en algunos lugares hasta el día de hoy. Éste fue el credo en una nueva fe, la afirmación de la superioridad indiscutible de un nuevo modo de vida.

La Edad Media cristiana no daba lugar a relativismos ni reconocimientos de virtudes que no fueran las propias. Dividió sencillamente el mundo en forma binaria, por un lado los seres y gobiernos perfectos, cristianos, y por el otro un mundo dominado por el demonio y poblado por monstruos.

Siglos después siguieron poblando estos monstruos las páginas ilustradas de libros que en otros aspectos merecen encomio, por ejemplo la obra del Padre François Lafiṭau (§4,1). Ni qué decir de las fantasías de Marco Polo, quien sabe dar razón de cinocéfalos. Se llegaba a discutir erudïtamente si unos seres extraños, llamados pigmeos, que luchaban con aves de su mismo tamaño, eran o no eran humanos (Alberto Magno, Pedro de Alvernia). Lo único que no se pensó, era verificar primero el sustrato referencial: saber si había tales seres, antes de discutir acerca de ellos.

§2,1 Algunos eclesiásticos y misioneros, cronistas e historiadores bizantinos nos transmitieron datos con cierto grado de utilidad, cuando refieren cosas vistas. Unos cuantos mantienen lazos con la tradición clásica. Amianus Marcellinos (ca. 320-400 de la Era) informa sobre hunos y alanos. El godo Iordanes (siglo VI) se refiere entre otras a las tribus feno-ugrias (o fino-ugrias). Procopio (siglo VI) habla de eslavos y lapones. En la Europa nueva, lejos de la cuenca del Mediterráneos, Adán de Bremen (muerto por 1076) escribió la *Hiſtoria Hammaburgensis Eccleſiæ* (países del Mar Báltico, pruzzī, vanedas) y Hẹlmold escribe en el s. XII una *Chronica Slavōrum.* Lo que estas obras ofrecen, son datos etnográficos sin que resulte de ellas ningún paso metodológico ni etnológico hacia delante.

Las ideas antropológógicas en la Edad Media superior

§3,0 Después de una interrupción de casi mil años, nuestra ciencia recibe un nuevo impulso al iniciarse en el siglo XIII una época de descubrimientos y de ensanchamiento del horizonte etnográfico.

El vasto imperio de Dyenguis-Ján y de sus sucesores confronta al mundo cónclave del medioevo europeo con la existencia de pueblos de Asia. Uno de estos grupos, el de los tátaros, da el nombre a todos ellos y es reinterpretado como «tártaro», esto es, el demonio procedente del τάρταρος, el infierno.

Los potentados de la Íglesia, al darse cuenta de la indiferencia y tolerancia religiosa de los mongoles, intentaron cristianizar al mundo asiático. En esta decisión coadyuvó la especie que cursaba de un legendario "Rey Juan, Sacerdote" quien, en un lugar remoto de Asia, tendría un bastión de cristianos. El papa Ínocencio IV decidió, durante el concilio de Lyon de 1245, enviar misioneros al Oriente en calidad de diplomáticos ante los mongoles. De estas misiones se han destacado algunos por los datos que aportaron.

§3,1 El flamenco Wilhelm van Rubruck, o van Rysbruck (ca. 1215-1270), pasando por Constantinopla, penetró entre los años 1253-1256 en el territorio de la Horda de Oro, y prosiguió en penosa marcha a Asia Central, hasta la corte del Jan Batun en Karakorum.

Por primera vez desde los tiempos clásicos, se vuelve a escribir un informe con características comparativas, y se procede con espíritu de observador fiel. Los pueblos que Van Rysbruck no ha conocido dē visū (rusos, pruzzī, baškiros, turkmenos, ųigures, tangotes, tibetos, mordvinos, solón, mandžú, uriyančai y kirguisos), son descritos por él con base en einformes que pidió a informantes. Escribe que no ha visto los monstrā famosos, y que sería en realidad sorprendente que de veras existiesen. Se da cuenta del carácter sincrético de religiones que conoció en el interior de Asia. Captó el carácter ideoegráfico de la escritura china y describió los sistemas de escritura de los ųigures, tangotes y tibetos.

El flamenco Van Rysbruck inicia una serie todavía no concluída de misioneroa-etnógrafos (Mühlmann, *Gefch. der Anthr.*, 1968, p. 31).

§3,2 En contraste flagrante con él está Marco Polo (1254-1323), un hombre sin preparación académica, en cuyo relato se mezcla la fábula y la verdad en forma tan ingrata que a la fecha no ha sido posible discernir entre ambas. Las obras de Rysbruck no tuvieron eco. Las fantasías de Marco Polo avivaron las de sus lectores.

§3.3 Un viaje de envergadura semejante al de Marco Polo hizo el franciscano Giovanni dei Carpine, a la corte del Gran Jan de Mongolia, en 1245-1247. Fracaso como misionero y diplomático. Íncapaz de aprender la lenguas de las regiones que atraviesa, los paganos asiáticos le traducen sus cartas latinas al ruso, al persa y al mongólico, y le traducen al latín las que le contesta el Gran Jan. Con tal falta de talento, no es de extrañar el tipo de etimología y de seres de fábula que ofrece a sus lectores: hombres con pie de res que hablan dos palabras en lenguaje humano y ladran el tercer vocablo como si perros fuesen; el Jan deriva de Ham y es, en consecuencia, hamita (camita).

La estructura espiritual medieval impide a los viajeros a lo largo de casi todas sus obras, comprender los fenómenos que van conociendo. Este hecho llegó a la postre a ser trágico para las poblaciones de las futuras colonias en ultramar. Pero inclusive dentro del propio continente los fenómenos etnográficos se toparon con la misma valla de incomprensión. Los relatos sobre los vecinos bálticos y feno-ugrios están escritos en el mismo tenor que los informes acerca del Jan "hamita" y los seres que ladran después de la segunda palabra.

Las ideas antropológicas en la Edad Media musulmana

§4,0 De las vastas regiones asiáticas tuvieron pocas informaciones los griegos antiguos. Menos extraña les era Noráfrica. Herodoto tenía en alta estima a los etíopes, y el aprecio por Egipto era general en la Hélade. Con la expansión del islamismo las tierras al sur del Mediterráneo son tomadas por los árabes, que en España recibieron y siguen recibiendo el nombre de moros. El África de que los europeos tuvieron noticia fue durante mucho tiempo el África de los moros.

Posteriormente, durante la época de los grandes navegantes, se conocieron las costas al sur de las regiones pobladas por los árabes y los bereberes. Estaba ocupadas por poblaciones de color negro, en parte islamizados, a las cuales se aplicó el nombre de moros negros, en contrasta con los musulmanes blancos que se conocían hasta ese momento.

El descubrimiento de los moros negros destruyó la afirmación artistotélico-ptolomea de que la zona cálida no era habitable. Otro aporte antropológico no dieron estos viajes europeos, que significativamente se llaman de circun-navegación.

§4,1 En cambio, los moros blancos tenían una información muy vasta. Masūdi (muerto en 956) escribió sobre India, el mar de China y sobre los eslavos. El geógrafo İdrisi redactó en 1154 un trabajo estando radicado en la corte de Rogelio II, en Sicilia. İbn Dyubair describió por 1200 la Isla de Sicilia y el Oriente. El mayor de los viajeros moros fue el tangerino İbn Baṭṭūṭa (1305-1378: cf. Birket-Smith, I, p. 17; Braudel, p. 6). Describió Persia, Asia Menor, Rusia. Viajó entre 1325 y 1349. Hay una versión inglesa de su obra (véase nuestra bibliografía).

§4,2 Disponiendo de la amplia literatura etnográfica árabe, desconocida en Europa, el bereber tunecino İbn Jaldūn, (o Ḥaldūn; de 1332 a 1406) emprende una obra de síntesis y presenta resultados no ya historicistas o historiográficas, sino realmente de historia, con conceptos que hasta la fecha son válidos en lo que los anglosajones llaman antropología y que en los demás países se ha venido conociendo como etnología o como historia de la cultura. (Véase: prólogo a Casani y Pérez *Del epos a la historia cientí□ca*, edit. Nova, Bs. As., 1961, p. 8-9; Rafael Altamira *Proceso histórico de la historiografía humana*; Braudẹl, *op. cit.* en bibliografía, p. 84.) Sus tres tomos han sido traducidos al francés, edición de 1934-1938, y al inglés, 1958.

Fue İbn Jaldūn el primero en señalar el papel que desempeñan los pastores en la constitución de estados. Teniendo a la vista las poblaciones árabes y bereberes nómadas, y las poblaciones sedentarias de los oasis y ciudades, compara este material de primera mano con informaciones sobre kurdos, turcmenos y otros pueblos de pastores nómadas turcos de Asia, concluyendo que: los nómadas son disciplinados, valientes, tienen fuerte cohesión de grupo y están ligados a sus estirpes: se enfrentan en son de conquista a grupos sedentarios. En cambio, los sedentarios de la campiña y de las ciudades son poco afectos a la guerra, son individualistas, poco o nada unidos, persiguen intereses divergentes en vez de tener intereses convergentes. Son fácil presa de los nómadas, quienes se les imponen dando lugar así a la formación de estados. Mas esos nómadas se urbanizan, es decir, adquieren hábitos sedentarios, pierden sus virtudes guerreras, terminando por ser presa a sus vez de los nuevos invasores nómadas.

Lo notable del trabajo de İbn Jaldūn radica por una parte en la amplia base etnográfica en que descansa su estudio, y por la otra en las conclusiones a que su estudio (que es lo que hoy llamamos de etnología) lo condujo (para más pormenores, véase Pelto *El estudio de la antropología*). Es en cierta manera el continuador de las teorías del conflicto de Tucídides y de Polibio, teniendo además en común con Posidonio el concepto del estado puro y del estado decadente por transplante, proceso de domesticación o felajización (ﻼﺣ fāḷaḥ 'campesino'). Ambos conceptos lo condujeron a constatar un ciclismo del proceso.

El impulso renacentista

§5,0 La guerra de reconquista que realizaron los reyes aragoneses y castellanos contra los moros de España, culminó con la expulsión de éstos y de los judíos, levantando barreras étnicas y cognitivas entre Europa y África. Al sur de Dyébel 'al Táriq (Gibraltar) se extendía un territorio inaccesible, en que fueron a refugiarse miles de expulsados procedentes de España.

Un proceso semejante de limitación interfirió en el horizonte del lado oriental, al caer unos pocos años antes (1453) Bizancio. Sin embargo, al norte de Bizancio se había formado en el siglo XIV el Gran Ducado de Rusia, de entonces hasta fines del siglo XX en continuo proceso de expansión.[6] En 1952 conquista Kazán, en 1554 Astraján, y a partir de 1582 inicia la conquista de las vastedades de Siberia.

La dinámica de la reconquista choca con la valle infranqueable de la costa norafricana, guarnecida por los moros, pero encuentra un cauce en las rutas que abren los viajes de circunnavegación. En el mismo año en que es destruída Medīna 'Azzahra, cerca de Grānata, el palacio más grande de Europa, y expulsados los españoles de fe musulmana y de fe mosaica (1492), son descubiertas las Īndias Occidentales. Durante tres siglos el nuevo continente surte material antropológico a occidente, y sigue surtiéndolo en la actualidad.

§5,1 El papa Paulus II asienta en Bula del 2 de julio de 1537 que los aborígenes del nuevo continente son verī hǫminēs, aunque en cierta manera sólo después de bautizados, pues agrega fịdei catholicæ et sacaramentōrum capacēs.

Chibchas autodestruyéndose para escapar de las atrocidades de los conquistadores

Para los reconquistadores que, arrastrados por su propia carrera por España desbordan su país y su continente prosiguiendo con entusiasmo la lucha destructiva en América, los aborígenes no eran ciertamente verī hǫminēs. Unos pocos obispos y frailes se oponen en la escasa medida de sus posibilidades a las hoy bien conocidas y por nadie negadas crueldades españolas en América. Entre ellos dos personajes de quienes se ha llegado a afirmar que eran sefarditas: el Padre Sahagún y Fr. Bartolomé de Las Casas. Sin embargo, aunque los españoles se llevaron la palma, los demás Europeos procuraron no quedarse demasiado a la zaga, lo mismo en Siberia que en las islas del Pacífico y (sólo tardíamente) en África.

---

[6] No sabemos si fueron reflexiones del tipo de que nos estamos ocupando que hicieron, en los 12 últimos años del siglo XX, que el jefe del imperio ruso decidiera no esperar que el procesos de infinito crecimiento lleve su imperio a la destrucción, y que consideró más apropiado invertir el proceso de expansión .

Si partimos de la incomprensión que reinaba en una Europa que poco antes creía con plena seriedad en seres sin cabeza y en toda clase de criaturas del diablo, es en cierta manera comprensible la posición de gente como Cortés quien, para su época, era por cierto una persona bastante letrada. Esto no quiere decir que nosotros no podamos sospechar una buena dosis de cinismo en algunas de las menos ignorantes, como parece desprenderse del comportamiento vil y de las traiciones, como en el caso de Atahuallpa, o de aquel páteru (padre) de quien se queja un cacique mapuche porque «se había revuelto con la mujer española, a quien tuve buena voluntad y en quien yo tenía una hija», o de aquel otro clérigo que recibió el oro que le traía el noble indígena en compañía de su digna esposa: el cura se cogió el oro y también a la señora, a la que se llevó a su hamaca debajo de la cual mantuvo amarrado al incauto indio.[7] Por otra parte, también es cierto que vestimenta escasa y en todo caso rara, o la no menos exótica carencia de ella; piedras de culto labradas no siempre muy atractivas para gente sin preparación estética; el canibalismo de los suramericanos; un exceso de sacrificios humanos entre los tenochcas, parecían confirmar el carácter demoníaco de esos seres.

§5,2 Libros como la *Apologetica Hiſtoria* de De Las Casas, impresa varias veces en latín, y otras noticias, aumentaron sin lugar a duda el conocimiento antropológico de esa época. Sobre los pueblos de Rusia hubo igualmente publicaciones. La literatura etnográfica de los siglos subsecuentes a la reconquista, siglos XVI y XVII, tiene en general un nivel apreciable. Pero los relatos de viajes están adornados con grabados carentes de todo valor informativo, debido en gran parte al hecho de haber sido confeccionados por grabadores que no habían hecho esos viajes. Los títulos de las obras indican muchas veces bien a las claras que se trata "de Viajes curiosos y de las Vicisitudes y Trabajos padecidos entre abominables Salvajes, y como plugo a Dios, Nuestro Señor, haberme librado de...". Las excepciones, como las crónicas escritas por obispos de la Nueva España, ya han sido mencionadas arriba. Un cambio general en las apreciaciones de los hechos etnográficos sólo podía ocurrir después de un cambio en la autoapreciación de los escritores, después de un cambio de perspectiva en la capa letrada.

§5,3 La caída de Bizancio en manos de musulmanes, bajo cuyo régimen los cristianos mantenían autonomía religiosa –esto es, cultural– condujo a la cristiandad oriental a un contacto y de ahí a una tolerancia forzosa. La confrontación de los dos mundos repercutió en forma decisiva

---

[7] La primera noticia es de Núñez Pinedo de Bascuñán *Cautiverio feliz*, edición in usum Delphini, Zig-Zag, 1967, p. 116; la segunda de H. Trịmborn *El Dorado*, Janus-Bücher, 1961, p. 16.

(podemos decir con Burckhardt que en forma motriz) en el movimiento cultural italiano conocido con el nombre de Renacimiento. Italia estaba en vecindad y contacto con dos cultura distintas. Con la bizantina (credo ortodoxa) y la turca (credo musulmán). Distintas, pero de ninguna manera económica o políticamente débiles como para nutrir la incondicional autoconfianza que habían podido mantener los reconquistadores ante el félaj moro, ante el moro negro o ante el indio americano. Muchos italianos exiliados –y estos italianos no eran ciertamente los más ignorantes– vivían en medio de estos dos ambientes culturales distintos, aprendiendo a reconocer sus valores y a reorganizar su concepto del mundo.

El Renacimiento irradió luz a los restantes países europeos. A España entre ellos. Sahagún y los demás esclarecidos patrēs de las Indias eran espíritus humanistas, hijo de la nueva época. I[talia misma no tuvo colonias en ultramar,[8] de ahí que para la antropología tengan mayor importancia los escritos españoles que los italianos. Los jesuitas en Suramérica llegaron a realizar los conceptos utópicos (cf. Campanela *El Estado del Sol*, 1602), al crear un estado jesuíta en el Paraguay. De interés son también las obras del mestizo Garcilaso de la Vega (pariente de Lope de Vega) y de otros autores como Cieza de León, Núñez Pinedo de Bascuñán, Jean de Léry con su *Voyage faict en la Terre du Brésil*, o Gabriel Sagard-Théodat, S. J., con su *Le grand voyage du pays des hurons*, 1963. Aunque no existe todavía ningún estudio sobre el influjo de la literatura etnográfica en la filosofía europea, no es de dudarse que la primera ha incidido en la segunda. La teoría del egoísmo, desarrollada por Hobbes (1588-1679) se basa en noticias etnográficas tomadas de fuentes secundarias. Otros autores desarrollaron ideas semejante (una constante lucha de todos contra todos): J. Bodin (1530-1596) y S. von Puffendorf (1532-1694).

§5,4 Al multiplicarse la literatura etnográfica, ésta sirvió en el siglo siguiente de material a personas que no habían realizado viajes a ultramar, pero que escribían novelas o trabajos eruditos, obra de psicología o de filosofía.

Los enciclopedistas encontraban en la literatura etnográfica sus argumentos al discutir las instituciones sociales europeas. El aporte al pensamiento occidental dado por la literatura acerca de pueblos extraeuropeos puede ser considerado digno de una investigación, pero no tanto en nuestra marco de intereses, ya que los meros materiales y las interpretaciones novelescas u otras reinterpretaciones, no constituyen un adelanto científico de la antropología misma.

---

[8] De ahí que no existe ninguna "América Itálica" o "América Latina".

§5,5 La obra antropológica más importante del siglo XVII es de Olfert Dapperes la *Befchreibung von Afrika*, editada en 1686. No se trata ya de un libro de viajes realizados por un autor, sino de la recopilación de fuentes que en parte se han perdido a la postre, y cuya información sólo nos ha llegado a través de esta obra, en que el autor supo reconocer que ciertas costumbres relatadas en sus fuentes tienen en realidad una función determinada: ¡un papel en concordancia con el contexto social en que se hallan! En la misma época, el estadista inglés William Temple (1628-1699) hizo estudios comparativos de política y moral de China, Perú, Tartaria y Arabia.[9]

Persia empieza a llamar la atención de los eruditos. Son sobre todo los relatos de viajes de Jean Chardin (1643-1713), quien estuvo en ese país de 1665 a 1677. El médico Engelbert Kæmpfer (1651-16713) publica en 1712 *Amœnitas exotica* sobre Persia y sobre Japón, siendo su obra la primera descripción pormenorizada de estas islas. El médico François Bernier (1620-1688) hizo en 1684 la primera clasificación de las razas humanas, basándose en gran parte en sus experiencias personales con pueblos de ultramar. Su nombre es recordado en la historia de la antropología por haber sido el primero quien se permitió la libertad de emplear el término raza en relación con los humanos.

§5,6 El origen de la humanidad tal como es relatado en la Biblia y tomado durante la Edad Media, no puede ser aceptado sin serias especulaciones, al conocerse a los indios de América. El calvinista Isaac de la Perière (muerto en 1676) adelantó en 1655 la teoría de los preadamitas, según la cual siglos antes de Adán habrían existido ya hombres, de los cuales los indios serían los descendientes. Su libro fue quemado, y la Inquisición obligó al autor a retractarse de su teoría, y de paso de su credo calvinista. Pero los no heréticos encontraron la vuelta en forma ortodoxa: Ofir, la flota de Salomón, las 10 tribus perdidas (cf. Gregorio García *Origen de los Índios*, 1607). Como se ve, los problemas empiezan a desdibujarse.

§5,7 Él que captó la problemática fue un filósofo, G. W. Leibniz (1646-1716), quien se interesaba por todo el saber de su tiempo, incluyendo, por lo tanto, a lo que hoy se llama antropología o etnología.

China cautivó su interés, y al mirar a Oriente se topó con Rusia, en un comienzo sólo de manera secundaria. Posteriormente comprendió la importancia de este gran imperio, siendo el primero el delimitar varios grupos idiomáticos y en discernir básicamente sus extensiones

---

[9]   Vemos que la etno<u>grafía</u> es el antecedente sine quo non de la etno<u>logía</u>. Son poco respetables los programas cladobates que quieren pegar el salto de la nada a la -<u>logía.</u>

y relaciones (finés-lapón-mágyar-samoyedo, o sea el uralo-altaico, así como el turco, celta semítico y eslavo). Insistió Leibnitz en la necesidad de poseer más materiales de primera mano (cf. nota 9), y se dirigió en este sentido al zar Pedro el Grande.

El siglo francés de la antropología

§6,1 Un hombre notable fue el jesuita Joseph François Lafitau (1570-1740). También él, como casi todos los personajes que aportan algo a la etnología (Leibniz es una de las excepciones) tuvo contacto personal con pueblos extraeuropeos. Vivió cinco años entres los iroqueses y escribió *Mœurs des sauvages Américains comparés aux mœurs des premiers temps*, París, 1724). El título indica claramente el procedimiento comparativo seguido en la obra. El autor recurre a datos etnográficos de primera mano para explicar costumbres clásicas, y recurre a autores clásicos para explicar fenómenos etnográficos por él registrados.

Con su procedimiento llegó a determinar tipos etnográficio-sociológicos. Comparando los ritos de paso (o de madurez) de los caribes con ritos correspondientes entre los griegos y romanos, descubrió la existencia del fenómeno de la iniciación. Descubrió el matriarcado relacionando la matrilinealidad iroquesa con datos de Herodoto acerca de los licios (λύκιοι). Comparando costumbres iroquesas con noticias del área occitano-vasca descubrió la covada. Comparando con el coemptio y el confarreātio romanos la forma de adquirir los indios sus novias, descubrió la compra de la novia. Considerando tal vez que el origen de las instituciones debe buscarse en el sitio del cual proceden las noticias escritas más antiguas (error que a la fecha cometen no antropólogos),[10] no pudo menos que fijar su atención en la cuenca mediterránea, y su regiones riverizas. De ahí llegó a presentar la teoría de las migraciones prehelénicas que habrían llegado hasta América, esto es, que la covada, la matrilinealidad, el precio de la novia, etc., proceden de Asia Menor. Su error fue no pensar en la posibilidad de que puedan

---

[10] Fui testigo de la persona que en un medio de antropólogos recibió la lección de que –contrariamente de lo que él decía– el poema de Gilgameš no era la fuente religiosa culturalmente más antigua, sino sumamente reciente, puesto que era de una alta cultura (Hochkultur); se le dijo que antiguo es lo que a fines del s.XIX nos cuenta un šamán siberiano. En el mismo error caen también muchos arqueógrafos y arqueólogos hispanoamericanos; cf. mi "Anan-thropīca anthropologīa o el Caso del indio ausente" [publicado en *De arqueología y semántica*, Cali, 2004, 2006].

existir fenómenos paralelos, o sea, desarrollados en distintas partes del globo, sin intermediación de migración o de contacto de pueblos.[11]

Su aporte fue haber determinado la existencia de esos tipos o fenómenos. Como ellos son materia sociológica, es Lafitau el fundador de la sociología etnográfica.

Al mismo tiempo es el creador del estudio etnográfico de la religión, disciplina que en francés se llama *Histoire des religions* (lo de historia es un tanto gratuito, y calcado de la terminología del siglo XIX, cf. Histoire naturelle, Musée d'Histoire naturelle). Él critica a los autores que pretenden que los pueblos salvajes carecen de religión, de dios, de cultura, de orden y de ley, y de forma de gobierno. Afirma, al contrario, que estos seres abstractos, que de hombres sólo tendrían la estampa (t. I, p. 5) no existen. Dice que los pueblos bárbaros tienen religión y que ésta se parece a la de "les premiers temps", debiéndose este parecido a un común origen.

Con esto, Lafitau presenta ya a grandes rasgos el cuadro que actualmente tenemos en antropología: el ser humano es un ser que tiene –en todos los niveles– religión y un determinado orden social. No es religión cristiana, pero es religión. No es orden de droit naturelle, pero es orden. Por lo demás, estima poder encontrar trazas de antigua veneración a un ser superior; las formas religiosas ulteriores no serían sino la degeneración de este monoteísmo primitivo. Asertos de esta especie implican una admirable dosis de comprensión y de tolerancia, hasta ese momento bastante desconocidos.

§6,2 Los misioneros franceses fueron posiblemente los únicos que tuvieron este espíritu, es verdad. Pero si los demás no siguieron su ejemplo, vale la pena, de todas maneras, recordar las recomendaciones que en el año de 1659 dieron los Vicarios Apostólicos del Seminario de Misioneros para el Lejano Oriente:

> no exigir que los pueblos abandonen sus costumbres ni influír en tal sentido, a menos que constituyan una flagrante violación de la moral y de la religión, pues ¿cómo puede ser que Francia, España, Italia u otro país de Europa ose transplantarse a China? No deben ser nuestras costumbres lo que hemos de llevar a esas tierras, sino nuestra fe, la que no menosprecia los usos y costumbres de pueblo alguno ni los ofende, sino al contrario, se propone mantenerlos.

§6,3 De los misioneros jesuítas en China es de mencionarse el P. Matías Ricci (1552-1610), de quien no se conoce obra escrita, pero cuya asimilación de las costumbres fue tal, que fue fama en su tiempo

---

[11] Hoy se ve que esos paralelismos se deben al nivel tecnológico de las sociedades: a misma infraestructura misma (o muy parecida) superestructura.

haber adoptado el modo de vestir, de vivir y de nutrirse de los chinos, y desde luego la lengua, haber cultivado el contacto con los eruditos chinos y haber llegado así, mediante, lo que hoy se llama observación por participación, a adquirir profundos conocimientos del país y de su cultura.

Espíritu semejante dominó a Louis le Comte (1656-1729) quien en aquella época dijo a sus colegas y demás europeos algo inaudito: que la apreciación de las costumbres era cuestión de relatividad: depende del lado en que esté sentado el observador. Los chinos ven con asombro nuestras costumbres. Los actos humanos descansan en prejuicios adquirido en la niñez.

Esto es de común conocimiento en la actualidad, pero recordemos que poco antes se discutía todavía acerca de seres sin alma y sin cabeza, y que se consideraba obra del demonio a todo aspecto humano distinto del que se conocía de casa.

Tan novedosos (hoy se diría "revolucionarios") fueron estos conceptos que las obras de Comte fueron prohibidas por la Facultad de Teología de París.

Mencionemos todavía a Charles de Brosses (1709-1777). En su obra de 1760 intitulada *Du culte des dieux fétiches, ou parallèle de l'ancienne religion de l'Égype avec la religion actuelle de Nigritie* afirma con neto carácter positivista: «Il ne sa'agit pas d'imaginer ce que l'homme aurait pû ou dû faire, mais de regarder ce qu'il fait».

§6,4 Los hombres de gabinete, es decir, las personas dedicadas a la elaboración de conceptos o de sistemas filosóficos, son siempre la consecuencia de la existencia de materiales recogidos por los investigadores prácticos (en nuestro caso se trata de viajeros, misioneros y otros "trabajadores de campo"). Hemos mencionado ya (§5,7) a Leibniz. Este filósofo pretendió entre otras cosas que todo acontecimiento de nueva índole corresponde a un mundo de nueva índole, lo que equivale al concepto de estructura que más tarde desarrolló la antropología. De importancia es también su concepto de la continuidad: la efectividad (Wirksamkeit) de unidades mínimas como fases de transición entre un fenómeno y otro, también como momentos psicológicos: inconsciente (lo que es de compararse con C. C. Jung y otros).

§6,5 El italiano C. Vico (1667-1744) de Nápoles, publicó en 1725 su *Scienza nuova*. En ella se desarrolló por primera vez en términos precisos la teoría del ciclismo de las culturas y de los pueblos (corsi e ricorsi), idea emitida anteriormente ya, pero en forma menos precisa, por Polibio (§1,5; §4,2).

Según Vico, no se trata ya de expresiones externas, de fenómenos políticos que se presentan en forma cíclica, sino de la fuerza psíquica del pueblo. Con esto pasa del terreno político y social al de la etnopsicología. Pretende Vico que todos los pueblos del mundo tienen que pasar por tres períodos: el sacro, el heroico y el humano (o humanista), teniendo en cada fase sus correspondientes instituciones sociales y estatales. Después de haber pasado por sus tres fases, los pueblos pierden vitalidad y recaen en la barbarie, volviendo a comenzar el ciclo. El proceso predeterminado del desarrollo implica en cierta manera un contenido predeterminado; a cada fase su contenido. Estos paralelos etnográficos son llamados por él confronti, todo pueblo tiene su Júpiter, su Hércules, su Solón y su Homero (vid. B. Croce *La storia come piensero e come azione*, Bari, 1969). Aunque es cierto que Vico desarrolló su teoría de los ciclos (corsi e recorsi) sobre la base de materiales clásicos exclusivamente, no le habría sido posible concebirla sin la existencia de la literatura etnográfica. Sus ricorsi (recaídas en un estado primitivo) equivalen a lo que actualmente llamamos primitivez secundaria o estado retroprimitivo, y corresponden a lo que Lafitau dijera en su libro, publicado un año antes del de Vico, acerca de la decadencia de las religiones. El influjo de Vico y el de Lafitau convergen en la obra de Adam Ferguson *Essay on the hiftory of civil society* (Edinburgh, 1767).

§6,6 En el siglo XVIII no existe todavía una diferencia expresa entre la antropología física o natural y la antropología histórica o cultural. Los botánicos y zoólogos eran asiduos lectores de fuentes etnográficas, que les surtían las informaciones deseadas, ya que en la época los viajeros traían toda suerte de noticias. Pero no existían expediciones especiales de naturalistas o de otros científicos. Los libros de viajes, junto con las piezas de colecciones de objetos raros, eran las únicas fuentes. Vimos ya que Leibniz hizo notar al zar la necesidad de hacer expediciones especiales. K. von Linné (1707-1778), en su calidad de médico del rey de Suecia, estimuló a viajeros con destino a América, Japón, África y Arabia que le trajeran semillas de plantas de todo el mundo, junto con noticias etnográficas.

Linné (o Linneo) publicó entre 1735 y1766 en doce partes su *Sistema de la Naturaleza*, en el que introduce una novedad antropológica: por primera vez después de Aristóteles el hombre es colocado en el reino animal. Y el hombre es clasificado en homo Ferus, homo Americanus, homo Europæus, homo Afer y homo Monstruosus. En la actualidad se conservan de esta clasificación el Americanus, el Europæus y el Afer.

§6,7 De mayor influjo que la obra de Linné fue en su tiempo la *Hiſtoire naturelle* (1749) escrita por L. G. L. Buffǫn (1707-1788) para un gran público, en buena parte con la estrecha colaboración del anatomista Daubentǫn. Se sostiene en la obra que el género humano, originalmente único, se diversificó como consecuencia de influjos varios, tales la alimentación. Buffǫn evita el vocablo raza, y también el concepto, al que no logra distinguir con claridad del de pueblo.[12] Lo que entiende con ello es una comunidad biológico-histórica. Este concepto harto confuso domina a partir de entonces en la literatura francesa e inglesa, y posteriormente en la norteamericana, y con ello en la opinión pública de esos países.

§6,8 La falta de precisión, la falta de definición, es indicio de una falta de precisión en el nivel teorético. Pero junto con el alejamiento de la abstracción resultó aquí un acercamiento a la complejidad de lo real, al dirigir la atención de los observadores a grupos biológico-sociales, o sea, realmente: a pueblos.

Las observaciones realizadas por los naturalistas presentaban un mundo de especies definibles, y la tarea era definirlas. Constatar cambios o evoluciones no podía ocurrir sino después de dado este primer paso de determinación, de ordenamiento. Linné tuvo consciencia de la existencia de cambios, y estimaba que en un principio hubo un número limitado de formas, y que la formación de nuevas formas se debía a cruzas. Desde luego, no era evolucionista; según él las formas no heredadas, casuales, no eran sino realizaciones o fenómenos pasajeros que para él son varietātes solo. De este tipo son las variedades Alpini (parvī, ągilēs, ṭimidī) y Patagǫnicī (magnī, segnēs), es decir, monstruosidades creadas por el ambiente.[13]

---

[12] De ahí tal vez la confusión entre ambos concepto que reina en la literatura castellana hasta el segundo tercio del s.XX: al definir la etnología como el 'estudio de las razas'.

En la actualidad se ha hablado de "raza social", concepto muy poco racista sino completamente sociológico. En términos sencillos, esta poco difundida idea se podría explicar así: toda ocupación sociocultural crea respuestas "raciales" y da lugar a la formación de "razas", como la de artesanos, de obreros, de burócratas, de pequeños comerciantes, con claras característica externas. En relación con las peores características, quiero mencionar que en Chile oí a los señores Allende y Tǫmić lamentar que «el 30% de la población nacional es tarado desde su tierna infancia, debido a subalimentación»; este 30% tiene una característica sociorracial cuyo origen le es propio y que no es compartida por el 70% restante de la población .

[13] Este término corresponde al de environment, mileu, entourage, de otros lugares. El "medio ambiente" es un pleonasmo: basta decir medio o ambiente. El estudio del medio recibe el nombre de mesología. İmpropio del castellano, aunque en uso Austroamérica (¿tomado del italiano?), es "entorno".

§6,9 Los biólogos del siglo XVIII estimaban que casi todas las diferencias o particularidades raciales eran consecuencia de influencias ambientes. Los moralistas y pensadores aceptaron esta idea. Montesquieu (1689-1755), autor el *Esprit des Lois* (hay versión castellana en la Colecc. Austral), sostiene que el clima, que para él es un conjunto de influjos ambientales, es el factor que de manera directa y de manera indirecta (influyendo primero en la economía) causa las diferencias de la humanidad, y que los cambios ocurridos se heredan. Características psicológicas e instituciones jurídicas son explicadas en esta forma en función del clima. Es el padre de la teoría del ambiente o medio ambiente. Al igual que sus coetáneos, aprovecha la lectura de obras de viajes, a Lafitau, Dampfer, Kæmpfer y otros autores. Con su teoría del ambiente (influjo ecológico) es un predecesor de la concepción antropogeográfica de la humanidad.

§6,10 Voltaire (1694-1788), en cambio, tiene una concepción más histórica. Es el primero en proyectar una profundidad diacrónica considerable, mucho más atrás de lo que se acostumbraba. Pone en duda las fechas que cursaban: imposible que los caldeos y chinos hayan existido 1900 años antes de la Era y logrado ese adelanto; lo que de caldeos y chinos se sabe hace suponer que pasaron muchos siglos de etapas anteriores al momento de su eclosión.

Con esto Voltaire introduce en la antropología el concepto del desarrollo, que no es de confundirse con el evolucionismo del siglo XIX. Una de las diferencias que postula el escéptico Voltaire, y la evolución que postulan los optimistas del siglo XIX, es la duración. Voltaire supone un largo período anterior a la historia propiamente dicha; los evolucionistas, al contrario, tienen una inmensa fe en la inventiva constante del género humano. No sonando bien el nombre de "desarrollismo", podríamos llamar la concepción voltairiana "gradualismo".

Este pensador continúa la afición por los estudios de la cultura china (§5,7). La filosofía confuciana le llamaba poderosamente la atención. Con la intención de desprestigiar al cristianismo, trae a colación –y sobreestima– elementos de otras culturas.

§6,11 Entre los iluministas franceses que recurrieron a la literatura etnográfica en busca de argumentos para sus tesis, cabe mencionar a J. J. Rousseau 1712-1778) quien sigue la línea, ya trazada con anterioridad, de idealizar al hombre que vive en una cultura menos compleja.

La cuestión de si la cultura, el saber, hacen más felices y mejores hombres, fue conocida desde la antigüedad clásica, y fue presentada de nuevo por los escépticos franceses de por 1770. Rousseau no inventó el tema, sino que expuso una cuestión antigua en forma bastante decidida. No presentó ni una sola idea nueva, pero proyectó las existentes en forma brillante. Las ideas que sostiene ya habían sido rechazadas antes de ser expuestas por él, por el Padre Lafitau. Pero Rousseau insistió en poner de cabeza las realidades antropológicas y en pretender que hubo un estado feliz y sin organización, del cual la humanidad abjuró mediante un contrato social.

§6,12 Fueron las ideas de Rousseau y no las de Lafitau las que la sociedad francesa adoptó en la segunda mitad del siglo XVIII. La consecuencia fue desastrosa para la antropología. Los sabios leían los relatos de los viajeros y los interpretaban a su modo y, lo que era peor, los viajeros hacían lo mismo, viendo los pueblos etnográficos en una forma que distaba de ser objetiva.

El romanticismo llega a excesos notables: el hidalgo François Lavaillant acompañó en 1782 una escolta por la hórrida estepa surafricana, que en sus páginas se transformó en un idilio. La isla polinésica de Tahití (descubierta en 1768) enardece las fantasías. El capitán Bougainville la llama en su informe (1771) La nouvelle Cythère y la describe como país en que el estado primitivo, paradisíaco en el sentido de Rousseau, está en plena vigencia. Y aunque poco después aparecieron informes que rectificaron la falsa imagen que se tenía de la isla, los coetáneos prefirieron ver en las líneas y entre las líneas una confirmación de su ideal paradisíaco.

Independientemente de estas aberraciones, es interesante para nosotros saber que los iluministas y enciclopedistas tenían muy buen conocimiento de la literatura etnográfica contemporánea. Una investigación hecha en 1952 al respecto (P. Honigshelm "The American indian in the philosophy of English and French enlightenment", Osiris, 10, p. 91-108) nos presenta los siguientes significativos datos: los autores mejor informados (que más fuentes consultaron) fueron Voltaire y Bacon; menos bien estuvieron Montesquieu y Locke; y muy mal estuvo Rousseau quien, además de emplear muy pocas fuentes, sólo toma de ellas algunos aspectos.[14]

El período francés de pensadores que tratan de cuestiones antropológicas termina con la muerte de Rousseau y de Voltaire, en 1778. Han sido Leibniz, Lafitau, Vico, De Brosses y Voltaire quienes iniciaron el pensamiento histórico.

---

[14] No consideró la cultura material ni la religión sino en escaso grado y nada de aspectos tan importantes como: organización social, política y económica, y ni siquiera la lengua. En fin, todo lo que interesa al antropólogo, no le llamaba la atención

El siglo alemán de la antropología

§7,0 Termina el período francés (en 1778) y en los años subsecuentes, entre los '80 y '90 del siglo XVIII, principia el período alemán de la antropología, llamado también el período clásico.

A fines del siglo XVIII se editaron muchas obras, tanto en alemán como en latín, en los países de habla alemana.

En 1788 publica Blumenbach su dissertatiō intitulada *Dē generis humani varietāte nativa*. Kant publica sus trabajos básicos de antropología física en 1775, 1786 y 1788. Herder sus *Ídeen zu einer Philosophie der Gefchichte der Menfchheit* entre 1789 y 1790. Wilhelm de Humboldt (1767-1835), influído en sus primeros años por el viajero y etnólogo G. Foster (§7,2), publica en 1791 su tratado *Über die Gesetze der Entwicklung der menfchlichen Kräfte*, y en 1795 su *Plan einer vergleichenden Anthropologie*. En 1785 edita Sœmmerring (un amigo de Foster) *Über die körperliche Verfchiedenheit des Negers vom Europäer*. En 1792 se edita una versión alemana (traducida precisamente por Sœmmerring) del holandés Peter Campe (1722-1789) bajo el título de *Über Unter-fchiede der Gesichtszüge der Menfchen verschiedener Gegenden und verfchiedenen Alters*. En 1783 se editan las *Observations* originalmente redactadas en inglés, en una traducción al alemán intituladas *Bemerkungen über Gegenstände der physifchen Erdbefchreibung, Naturgefchichte und sittliche Philosophie, auf seiner Reise um die Welt gesammelt*, de Foster Sr., cuyo hijo publica sus trabajos principalmente entre 1777-1786, 1787-1788. En 1781 presenta C. F. Hellwag el famoso triángulo vocálico (§14,10) en su tesis doctoral *Dissertatiō inauguralis physiologico-medica dē formatione loquela*.

Como se ve, en el lapso de dos decenios sale a la luz pública un gran número de trabajos importantes. Fueron el resultado de la asimilación de las informaciones de que se disponía en ese siglo, reorganizadas –por así decirlo– para estar listas al principio del siglo XIX que se avecinaba. La antropología del nuevo siglo tuvo a su disposición amplios materiales descriptivos. Los llamados de Leibniz y de Linné, en el sentido de que se enviaran exploradores, habían tenido eco. Los zares rusos mandaron explorar sus territorios, encargando de esa tarea principalmente a sabios alemanes. Peter Simon Pallas (1741-1811), Johann Gottfried Georgi (1738-1802), Samuel Gottlieb Gmelin (1709-1744), Johann Anton Güldenstädt (1745-1781), G. W. Steller (1709-1746) son los más destacados. Philip Johann von Strahlenberg, inicialmente al servicio del rey de Suecia, viajó por Siberia al caer en manos rusas.

En otras regiones hay viajes también: Hans Egede (1686-1758) y David Cranz (1723-1777) informan en 1738 y en 1765 sobre los esquimales de Groenlandia. Carsten Niebuhr (1733-1815) se hizo famoso por una exploración de Arabia, Persia, Palestina y Chipre (1761-1767) que organizó estando en Göttingen. De importancia para el conocimiento del Lejano Oriente son de J. B. du Halde, S. J., la *Description de l'Empire de la Chine et de la Tartarie Chinoise* (1735) y la obra del sueco C. P. Thunberg *Voyages au Japon* (1796). Sobre América se escribieron : Fr, X. Charlevoix *Hiſtoire et deſcription générale de la Nouvelle France* (sobre algonkinos, 1744) y de Martin Dobrizhoffer la *Hiſtoria dē Abiponibus* (1784; hay edición castellana de 1968).

§7,1 Junto con las obras que describen un solo país o continente, están los resultados de los viajes de James Cook. Viajes de circunnavegación de este tipo tenían que ser para el viajero atento una vivencia etnográfica inigualable: el observador veía presentarse de escala en escala culturas diferentes que no podían sino conducir a reflexiones fecundas.

En la segunda expediciones de James Cook participaron los Foster, padre e hijo. El mayor había estudiado primero teología, y ciencias naturales después. El iunior hizo estudios de ciencias naturales. Había acompañado a la edad de 12 años a su padre en una expedición encomendada por el gobierno ruso, en la región del Volga. A la edad de 17 años acompañó a su padre, esta vez al servicio del gobierno inglés, a un viaje de cuatro años en derredor del mundo.[15] De esta suerte realizó sus estudios académicos no en las aulas respetables de las universidades, sino en campamentos y a bordo de navíos. La expedición de Cook tocó costas tan diferentes como Tierra del Fuego, Melanesia, Polinesia. Los Foster dominaban no sólo las lenguas de rigor (latín, griego y francés), sino también el ruso, el inglés y algunos más. Como ya se dijo (§7,0) el padre había redactado sus *Observations* en inglés.

Johann Reinhold Foster (1729-1796) se planteó problemas antropológicos al notar, por ejemplo, que los investigadores pasan en sus viajes totalmente por alto al hombre, cuidando sólo el estudio de objetos inanimados.

Basándose en su experiencia, procedió a suplir el mal y estableció una diferenciación entre los habitantes de las islas del Pacífico, de Australia y de Tierra del Fuego. Pone de resalto el factor tradición (=transmisión), o sea, el paso de una generación a otra de conocimientos adquiridos, y el

---

[15] Después de casi dos siglos de paulatina cerrazón nacional de las fronteras se vislumbra al comienzo de la segunda mitad del s.XX un nuevo abrir de ellas para el empleado estatal en puestos elevados. [Tan optimista futurología de este autor no parece haberse cumplido ni siquiera a fines del siglo, aunque, ciertamente, han proliferado las organizaciones internacionales, con personal de todos los orígenes.] La juventud de cierto nivel cultural no quiere estar encerrada en los límites de su propio país; desea que vuelvan condiciones de universalidad como en tiempos de los Foster.

papel que esta acumulación de conocimientos desempeña en el proceso del progreso. Agrega que el acervo que se va a transmitir debe ser en cada caso "adaptado", de donde la importancia de la educación. (En la actualidad este proceso es denominado "endoculturación".) A mayor educación ("endoculturación"), mayor conservación de los adelantos culturales logrados. Una educación (transmisión) defectuosa conduce a pérdida, que a su vez puede conducir a degeneración. A esto serían tal vez atribuíbles las diferencias culturales entre polinesios, melanesios y fueguinos. En su opinión, la teoría del medio geográfico, tal como la planteó Montesquieu sería insuficiente. Foster, el conocedor de pueblos, sostiene en oposición a Rousseau, que el hombre civilizado que esté gobernado por un Estado adecuado, es un hombre que lleva una vida más feliz que el fueguino.

§7,5 Georg Foster (1754-1794), al igual que su padre, contradijo las concepciones idílicas, cultivadas en los salones, acerca del buen salvaje el cual, dice, tendría sólo cabida en un mundo en que los leones se nutren de hierbas, los tigres cuidan ovejas y las águilas dan comer a pichones. No hay comunismo primitivo ni comunidad original de las mujeres. Todo salvaje que no padezca de cretinismo sabe distinguir entre lo mío y lo tuyo; y las relaciones con sus congéneres están regidas por normas de validez recíprocas.

Además de estas afirmaciones tocante al pasado, prevé los cambios que habrán de tener lugar en el futuro con la difusión de la cultura occidental por el globo.

En la culturas no europeas todo el sistema de relaciones (hoy diríamos de "la estructura") tendrá que sufrir cambios cuando se expanda la cultura europea. Dice que no será una simple aceptación. Constata la incompatibilidad de sistemas diferentes, al comentar que «es bastante dudoso que nuestro iluminismo sea aplicable a las culturas milenaria de los pueblos asiáticos». Con frases este tipo vislumbra ya los problemas de la antropología colonial o social anthropology, y estamos bien lejos de la autosuficiente posición que había prevalecido en Europa pocas generaciones antes.

§7,3 Junto con el interés por la general humanidad, heredado del siglo anterior, algunos factores (por ejemplo la revolución francesa y el choque de las guerras napoleónicas) determinan en el siglo XIX la atención a la cultura nacional propia. Surge el interés romántico por la cultura y el pasado de los pueblos de Europa. No sólo comienzan los trabajos de gabinete, sino inclusive de campo. Los investigadores (v. gr. los gramáticos Grimm) recogen en idioma no literario las tradiciones de sus pueblos.

Se desarrolla la investigación lingüística germánica y románica, caracterizándose todo ese siglo por reconstrucciones y comparaciones (cf. §16,5; §7,6). Junto con la llamada Escuela romántica existió también una Escuela histórica. Tal vez sea un residuo de ello la manera de denominarse en algunas lengua ciertas disciplinas; lo que en Argentina el inmigrante Ímbelloni quiso bautizar de culturología (§9,0) es en alemán Kulturgeschichte ('historia de la cultura'), término con el que se designa la antropología tal como era concebida en aquel entonces). Otro ejemplo es la designación francesa de histoire des religions y de la de histoire naturelle. Se desarrollaron las técnicas de la investigación filológica, del estudio de los documentos y del estudio del derecho, dando lugar a la formación de una ciencia de la historia, de rigurosas exigencias. Ésta había de influir más adelante en el pensamiento antropológico (F. Græbner había estudiado historia).

§7,4 Las investigaciones sobre derecho conducen al abogado suizo J. J. Bạchofen[16] a consultar la literatura etnológica y a redescubrir lo que llamó Mụtterecht ('derecho materno'), concepto que sin éxito lanzara Lafitạu en 1724 (§6,1). En un principio, el abogado siguió un procedimiento meramente hipotético, construyendo un artificio. Pero en los años siguientes trató de cimentar ā posteriorī su tesis, añadiéndole material etnográfico. A este efecto entabló contacto con el norteamericano Mọrgan (cf. Lọwie Historia de la etnología). Las ediciones y traducción del Mụtterrecht de Bạchofen se basan en la edición corregida y aumentada con ese concurso.

Se le critica no haber tenido mucha habilidad en el manejo del material etnográfico, y se comenta que aun en el caso de que hubiera tenido mejor talento para esta ciencia, faltaban en realidad en esa época las informaciones necesarias para elucidar las cuestiones de alta especialidad, como son las del ramo de la organización social. Parece que esta crítica que se le hace hoy ya circulaba en su tiempo, al tener poco o ningún eco en el gremio de los antropólogos, aunque sí lo tuvo en disciplinas cercanas. Esta situación recuerda un poco la aceptación que fuera del ambiente antropológico gozan en la pampa de los días en que se está redactando el presente curso, los escritos de Lévi-Strauss.[17]

§7,5 Los filósofos, los románticos e inclusive los historiadores no dan un gran impulso a la antropología del siglo XIX. Parten, en cambio, impulsos fuertes de la geografía, una disciplina naciente en esa época.

---

[16] Pronúnciese bbáj 'oofn.

[17] La fiebre por este autor (que merece la pena de ser leído) ha sido una simple epidemia de los intelectualoides. Era pecado no conocerlo. Cinco años después pude observar, en otro país, que no conocían ni siquiera su apellido.

El nombre del primero que suena en este es campo es el de Carl Ritter (1779-1859), cuya obra *Die Erdkunde in ihrem Verhältnis zur Natur und zur Gefchichte des Menschen* se editó entre 1817 y 1818. Son de mencionarse también las obras geográficas del viajero Alejando de Humboldt (1769-1859), hermano de Guillermo de Humboldt (1767-1835) el reformador del sistema universitario centro europeo (1810).[18]

§7,6 Al mismo tiempo que se desarrolla la filología en Alemania, se va extendiendo esta ciencia nueva en los países vecinos, y surgen centro de filología regional o nacional. No sólo se desarrolla la filología comparada (§16,5), la románica y la germánica, sino también la eslava y en Finlandia y en Hungría, la uralo-altaica.[19] En estos dos últimos países se combina la investigación filológica y la de las lenguas no indoeuropeas con la investigación laográfica ('folclórica') en forma especialmente fecunda.

§7,7 Los conceptos sociológicos que hemos visto surgir en muchos autores, de manera bastante precisa en los Foster, no son tratados en forma decidida sino a partir de Auguste Comte (1798-1857), quien crea el vocablo sociología para este tipo de estudios.

La popularidad de los escritos de Comte fue el factor de la difusión y aceptación de muchas de las viejas ideas antropológicas que habían postulado los Lafitau, los Foster y otros, y que puso en circulación el creador de la sociología como disciplina independiente. El influjo de la Escuela francesa comtiana y de la Escuela alemana histórica dan conjuntamente un impulso a la historia antropológica de la cultura.

§7,8 La antropología cultural florece en la segunda mitad del s.XIX y podría denominarse esa época con el título de una de las obras de entonces (1880*): Sociologie d'après l'ethnologie*, de Letourneau.

En los distintos países prevalecen nombres distintos para esta disciplina etnográfico-social o etnográfico-sociológica. En Francia no podía sino circular el término Sociologie acuñado por Comte; en Alemania se usaba el grecismo Ethnologie o su traducción fiel Völkerkunde; en los países anglosajones se decía Anthropology o también Sociology.

---

[18] Después de la segunda guerra mundial, los alemanes occidentales se desvivieron imitando a los norteamericanos, por lo que tanto las nuevas universidades como los liceos abandonaron su sistema tradicional de enseñanza. Algunos decenios después la Westdeutsche Rektorenkonferenz dejó de apoyar este "trend" al notar que en materia de educación su norteamericanización había sido un fracaso. Recomendaron volver a Humboldt y a la enseñanza secundaria tradicional.

[19] En la actualidad, consideradas dos ramas distintas.

§7,9 La terminología en los países anglosajones se enfrenta a un problema idiomático, y a perspectivas exclusivas del mundo de habla inglesa, como reconocen en el siglo siguiente autores como Radcliffe-Brown.

Sólo en inglés se emplea la palabra antropología para la investigación cultural y social. Es un término heredado del s. XIX, cuando la investigación del género humano se hacía en forma global por poder hacerse todavía así debido a la falta de especialización. De ahí que en los EUA la "antropología", con inclusión de la arqueología, sea frecuentemente una sección del Departamento de Sociología.

Poco a poco se fue presentando la necesidad de diferenciar. En el continente europeo se estimó prudente no mezclar –ni mucho menos confundir– por un lado el estudio físico del hombre §12,3,1) y por el otro el estudio de los hechos morales o culturales (*mos, moris* en latín significa 'costumbre', y su adjetivo es *moralis*).

El estudio de los pueblos (ἔθνος) recibió acertadamente el nombre de etnografía en su fase descriptiva (§12,5). Pero en inglés se ha mantenido la antigua unidad, por lo menos en el nombre de la ciencia, aunque se le tuvo que modificar con adjetivos: antropología física *vs.* una antropología distinta (o sea, la antropología moral). La adjetivación para la "distinta" dió lugar a serias reflexiones entre los ingleses. Quienes en Inglaterra se dedicaban conscientemente a lo que para los franceses era una sociologie d'après l'ethnographie, terminaron por opinar que lo que hacían era una antropología social; y quienes dedicaban su atención a la inmensidad de los demás aspectos (b ⊃ c, en §17), y que no eran ni sociólogos ni físicos, decidieron considerar que hacían antropología cultural.

Pero con esto no se resolvió en idioma inglés la cuestión de quienes se interesaban tanto por cuestiones sociológicas como los por las demás (b+ɛ), es decir, las cuestiones culturales. Hasta la fecha el dilema no ha encontrado solución y ha sido exportado como problema –con 100 años de atraso– a algunas regiones de habla castellana.

Tal vez no pueda resolverse terminológicamente en inglés, pero sí definitoriamente. De la lectura de los corifeos de la social-anthropology, como Radcliffe-Brown, se desprende que a implica b (cf. §9,1). Hace poco tiempo [en el momento de entrar a prensa este curso ya es hace medio siglo], viendo que no había salida de ese callejón lingüístico, se ha vuelto a lanzar en los EUA el término Ethnology como nombre de una revista, en cuyo primer número se rechaza severamente la confusión existente en inglés, atribuyendo su origen a Radcliffe-Brown. La solución propuesta por Ethnology, en el sentido de abandonar la confusión creada por Radcliffe-Brown, ha llegado un poco tarde. El peso de la literatura etnológica anglosajona no sólo ha influído a países de habla española, sino también a algunos otros, como Holanda, que en fecha recientes han decidido estar haciendo antropología y no etnología. Donde, en cambio, prevalece el influjo soviético, con su етногáфия, se ha impuesto el término de etnografía (aunque se trate de una etnología).

Pero independientemente del nombre en boga, la ciencia es la misma y seguirá habiendo durante algún tiempo más la sinonimia antropología = etnología (≠ etnografía), tal como se está aplicando en el presente libro.[20]

§7,10 Los estudios etnográfico-sociológicos tuvieron en la segunda mitad del siglo XIX una debilidad que a principios del siglo XX les valieron el motete de Escuela evolucionista.

En realidad, los corifeos del período en cuestión, o sea, los "grandes evolucionistas", no aplicaron en su práctica los principios evolucionistas en la forma cuyo planteamiento netamente teórico fue causa de la crítica ulterior. En sus teorías parecen sostener intransigentemente una evolución unilineal, pero en la investigación práctica no eran de ninguna manera tan dogmáticos (Bastian. Tylor, Morgan). Sólo que son los postulados lo que leen los colegas de otras ciencias y los críticos, y no tanto las monografías.

De la necesaria crítica derivó la reacción, la búsqueda en otra dirección. Los opositores se dieron el nombre de Escuela histórico-cultural.

A la Escuela mal llamada evolucionista se deben estudios valiosos de hechos sociológicos. Son de mencionar: Morgan (sistema clasificatorio del parentesco, a partir de 1868; pero no su "matriarcado"; y en 1877 un ensayo que trata las capas de evolución o capas sucesivas de la historia de la cultura). McLennan estudia (1865; 1876) el totemismo y la exogamia. Lubbock estudia (1865; 1870) los artefactos prehistóricos a la luz de los materiales etnográficos contemporáneos. Tylor desarrolla (1865 et seqs.) el concepto de tipo etnológico como ley de la distribución binómica de hechos culturales y procura determinar con mayor precisión

---

[20] Algunos suramericanos aplican a sí mismos de manera alegre el término de "antropólogo": oí al filólogo Pedro Rona, en una conferencia en Köln, 1966, decir «Soy antropólogo», y unos treinta años después a un filósofo de Pasto (Sur de Colombia), exactamente lo mismo. Lo que querían expresar, es que se sentían filoindios o indigenistas. Pero al iniciarse el siglo XXI, en una escuela superior para comercio, en Cali, lanzaron un programa nada filoindio llamado *Antropología*; se trata de un híbrido de Ciencias políticas, Sociología teórica, y Sociología urbana aplicada (al servicio de las grandes empresas). El último nombre habría sido la designación más acertada. En México y Argentina el común de la gente estima que *antropología* es palabra de domingo para arqueología. Todas esos usos despistados de la palabra *antropología*, pone en entredicho la validez semántica de tal término.

las fases del desarrollo paralelo de las culturas; lanzó además la teoría del animismo (1871). H. Spęncer es el sistematizador sociológico (*Descriptive Sociology*, 1867; *The principles of Sociology*, 1876). Fue una época de gran efervescencia intelectual en el campo etnológico. El que hoy estas obras carecen comúnmente de interés para el estudiante, no mengua nada al hecho de que en su época estimularon controversias, críticas, y nuevas obras.

En las universidades de Dresden y Lęipzig enseñaban en el siglo diecinueve varios eruditos que en forma directo o indirecta estimularon considerablemente nuestra ciencia. Von der Gąbelentz, quien estudió y clasificó (1860; 1875) el grupo de las lenguas austronesias, fue maestro del suizo F. de Saussure, cuyas enseñanzas fueron anotadas por los alumnos de éste y editadas durante la primera guerra mundial (1916) con el título de *Cours de linguistique générale.*[21] No menciona ahí a su maestro Von de Gąbelentz, cosa que seguramente habría sido de haber escrito personalmente su obra. Ésta marca en 1916 el principio de la nueva lingüística.

Wundt (psicólogo), Lamprecht (historiador) y Rątzel (geógrafo) laboran en Lęipzig, teniendo en común un horizonte histórico universal, del cual es heredera la antropología actual, a pesar de que hoy se ha vuelto a considerar la importancia de realizar investigaciones en áreas limitadas.

En general, los investigadores antropológicos de la generación del '60 al '70 proceden de disciplinas diversas (medicina, ciencia natural, etc.). Una excepción notable fue Leo Frobęnius (1873-1939), quien se dedicó en forma exclusiva y desde el comienzo a la etnología. Fue africanista. Entre sus aportaciones inestimables está la creación del concepto de las grandes regiones que él llamó Kultųrkreis (la palabra Kreis tiene las acepciones de zona, región y círculo). El historiador Fritz Græbner (1877-1934) trató vanamente de dar a la etnología el rigor metodológico de la historia. Que no se haya logrado este propósito no es de criticarle a él, sino a los que le siguieron.

El Kultųrkreis como concepto, incluye los contactos que innegablemente existen entre las regiones culturales o círculos culturales. Este contacto, que es dinámico, fue llamado algún tiempo después difusión. Expliquemos con un ejemplo sencillo lo que es difusión: una pueblo **a** tiene determinado tipo de ornamentos y de colores para estos ornamentos; un pueblos **b** acepta ambas cosa o una sola; un pueblo

---

[21] El neófito en nuestras materias que desee leer acera de teorías hará bien en no leer las "fuentes primarias", sino las "secundarias que las explican. De esta recomendación no se escapa De Saussure,

c recibe del pueblo b ambas o una de ellas. Sería, por ejemplo, el caso de los colores empleados por los lapones de la región ártica (pueblo a), y que en los años sesenta del s. XX se encontraron en uso en regiones casi antárticas (punta Arenas, Ushuaya) por chilenos y argentinos (pueblo c), quienes los recibieron por conducto de los fineses (pueblo b) que poco antes habían procedido a la industrialización y exportación a Europa Central y Occidental (Alemania y Francia), por cuyo conducto los recibieron los australes. Un ejemplo del todo similar sería la presencia del esquí en Chile: estas tablas son otro invento lapón.

La impresionante movilidad de esta difusión llevó a Ratzel a lanzar un apriorismo: ninguna cultura nació en el sitio en que hoy la hallamos. Tal afirmación, atrevida y completamente gratuita, incitó a los investigadores de círculos culturales a buscar intensamente las rutas de migración de los elementos aislados o de los elementos agrupados (llamados complejos culturales).

La obra fue estimable, pero de alta especialización. Aparte de estos estudios se siguieron haciendo los de evolución de las sociedades (esto es, sin buscarles rutas de difusión). Es esta la oposición o diferencia entre "difusionistas" y "evolucionistas" (cuya modalidad del primer tercio del siglo siguiente fue llamada "funcionalista" y posteriormente "estructuralista"). Posteriormente ambos extremos han moderado su postura de alta especialidad, y han vuelto a poner los pies en el suelo, tal como en realidad los tenían los arriba citados Bastian, Tylor, Morgan cuando escribían monografías. Están superadas las discusiones que alguna vez hubo. Como diremos en §16,6, hoy se es al mismo tiempo difusionista, funcionalista y estructuralista.

§7,12 Entre los últimos grandes expositores de la investigación de la historia de la cultura o Escuela histórico-cultural, se destaca el fraile Wilhelm Schmidt (1868-1954). Fundó la revista *Anthropos*, que hasta la fecha es considerada una de las publicaciones seriadas de mejor calidad en nuestra disciplina. Schmidt difunde las ideas antropológicas del P. Lafitau (monoteísmo primitivo, etc.) entre los misioneros; estimula a éstos a recolectar datos de ultramar; imparte cursos en la universidad de Viena. Con su recia personalidad imprime un sello especial a los vieneses de su época. Pero la "Escuela de Viena" deja de existir a la muerte de este hombre que, en una reunión en dicha ciudad, en 1965, oí a Mühlmann tildar de Charismatischer Gewaltsmensch, y en la misma reunión se afirmó que en realidad la tal "Escuela de Viena" jamás existió.

Tuve ocasión de hablar con una estudiante italiana que realizaba el estudio de "Qué quedó de las ideas de W. Schmidt". El ambiente era propicio: el monasterio de St. Augustin, donde está ahora la revista y el instituto (con su gran biblioteca) Anthropos. ¿Qué quedó?, pregunté. La respuesta lacónica fue *Niente!*

§7,13 Muere el siglo alemán de la antropología. Dos guerras mundiales sacuden a los países de habla alemana, cuyo idioma deja de ser la lingua franca de los intelectuales de Europa Central, desde Helsinki hasta Sofia. La ausencia de colonias en ultramar no puede dar lugar a una antropología colonial. Las conflagraciones políticas reducen el territorio nacional de algunos países de habla alemana, y los aíslan. La literatura extranjera llega con atraso (v. gr. el *Cours de Linguistique* de De Saussure) –y fuera de tiempo.

Entretanto, los países anglosajones se enfrentan con problemas concretos de antropología colonial En Inglaterra Radclffe-Brown y Malinowski dan un nuevo cariz a la anthropology. Nace el siglo anglosajón de la antropología o etnología.

El siglo anglosajón de la antropología

§8 El siglo diecinueve fue el siglo de los científicos brillantes, capaces de reunir en sus cerebros cantidades fabulosas de datos, Sabían realizar solo obras ciclópeas. Podían ser individuales y eran individualistas. Muchos tenían posiblemente tan mal genio como el dramaturgo Ibsen (1828-1906), mas el hecho de no tener que codearse con colegas del mismo ramo en la misma universidad, debe haberlos salvado de la ocasión de lucir el lado menos apreciable de su personalidad. Como en Viena para Strauss Sr. con respecto de Strauss Jr., no habrían podido tolerar en su cercanía a otro hombre dotado, ni mucho menos someterse a ideas ajenas. Entonces como hoy, quien tenían inteligencia tenía ideas propias, desarrollaba técnicas personales. Fue la época de los grandes médicos cirujanos alemanes, cuyo individualismo y altanería nadie desconoce. La organización que impusieron a las clínicas, a sus institutos en la universidad fue como la estructura vertical de la sociedad wilhelmiana. El estado de la ciencia de entonces permitía el funcionamiento positivo de este tipo de comportamiento en los institutos y en las salas de operaciones. Hasta el primer tercio del siglo XX, los obedientes alumnos adoraban a su Herr Professor, un tirano pagado de sí cuya capacidad profesional merecía justificado respeto.

El individualismo encontraba terreno mucho más feraz todavía entre los autodidactas que lograban escalar en Europa una cátedra de etnología, una ciencia que no habían estudiado jamás, por no existir la carrera en su juventud. Los médicos tenían a su favor haber estudiado con un maestro; los antropólogos no habían estudiado con nadie. No había similitud en la preparación de investigadores de la misma generación. No tenían un lenguaje ni técnicas de trabajo (fichas, etc.) comunes. Había que formarse individualmente su opinión y recelar de la de los demás. Esa fue la situación que reinaba en todos los países en el siglo XIX; de ahí la abundancia de "Escuelas" –pues cada cabeza era una Escuela– lo cual no podemos menos que considerar una muestra de libertad académica.

Pero muere el siglo y empieza un nuevo período. Se generalizan las mismas técnicas operatorias entre los cirujanos; los científicos formados bajo la férula de un mismo maestro empiezan a hablar un mismo lenguaje. Se multiplica la comunicación. Se decuplan las publicaciones especializadas. Se diversifican los aspectos que hay que atender durante una intervención quirúrgica. Herr Professor deja de ser omnisciente y deja de ser la única persona importante en el quirófano. Hace el Team work, que significativamente recibe un nombre inglés (aunque, como todos los anglicismos, perfectamente traducibles a otros idiomas).

Podemos reducir a esta constatación la situación de la antropología en el siglo veinte: ha nacido el trabajo en equipo, ha muerto el tirano autodidacta, y podemos lamentar tal vez que ha quedado vedado el trabajo individual. El tirano físico –pero en general maestro y estimulador– ha sido reemplazado por la tiranía burocrática que, en muchas ciudades, es limitadora.

El siglo anglosajón de la antropología requiere del conocimiento de la organización de empresas, de archivos, de claves y de metalenguajes.[22] Esto son requisitos de la antropología actual.

Las aportaciones teoréticas de la antropología de hoy las puede encontrar el estudiante en infinidad de libros; algunos de ellos tal vez prematuros, pues el período todavía no ha terminado.

No tiene objeto que repitamos aquí lo que en esas obras está muy bien descrito (véase bibliografía). He querido ofrecer en las presentes páginas lo que no se encuentra comúnmente en los libros actualmente en circulación.

Córdoba, Argentina, 1968.

---

[22] Cf. §29; §35.

Capítulo II

Cómo iniciar el estudio
de la
antropología

§9,0 Si definimos a la antropología como una «ciencia totalizadora del hombre», habremos empleado un vocablo harto discutible ("totalizadora") y además no habremos ofrecido información alguna al lector interesado o al estudiante que quiera acercarse a esa disciplina. E igualmente vacía resultará nuestra magnífica definición si sustituimos el anglicismo de apariencia romance por un grecismo de apariencia superculta: «la antropología es una ciencia holística».

¿Qué aprendió con esto nuestro interlocutor? Nada, absolutamente nada

Si preferimos decir que es una ciencia que trata del «hombre y de sus obras» habremos empleado una bella y posiblemente acertada expresión, pero el lector o el interlocutor seguirá ignorando qué es realmente la ciencia que los anglosajones llaman antropología y que en el continente europeos prefieren designar como etnología. Algo semejante ocurrirá con cualquier otra definición o bon mot. Interrogado Imbelloni acerca de la motivación de sus intereses antropológicos, contestó:

> Muchos me preguntan; ¿para qué sirve la culturología? Suelo contestar, sonriendo, que es una ciencia inútil, y así dejo en paz a los hombres de condición tranquila. A los menos pacientes contesto que para mi economía privada resulta de gran ventaja, por ejemplo, haber conocido el valor del obsequio-trueque como acto comercial

primitivo, [1] puesto que desde entonces me abstengo de comprar regalos en ocasión de cumpleaños y onomásticos.

Otros autores darán contestaciones distintas, y sus definiciones no concordarán. Tampoco concuerdan las que se encuentran en diccionarios y enciclopedias. En *Monitor*[2] de 1965, leemos en p. 379:

ANTROPOLOGÍA, Ciencia que estudia al hombre en el conjunto de sus rasgos físicos, con fines clasificatorios y comparativos. El término, a medida que la ciencia antropológica se ha ido desarrollando, ha circunscrito con exactitud su campo de estudio, limitándose al hombre bajo el perfil somático, en tanto que las manifestaciones culturales son estudiados en los pueblos actuales por la *etnología* y en los antiguos por la *prehistoria*. La antropología estudia tanto al hombre actual como los caracteres de los hombres fósiles (paleoantropología).

Obsérvese que esta definición olvidó por completo que la antropología es también una ciencias aplicada (§12,3,1).

Veamos que nos dice el Pequeño Larousse (que de pequeño ya tiene poco) de 1999:

ANTROPOLOGÍA, Estudio del hombre como especie animal, SIN.: *antroplogía física*. | Estudio diferencial de las creencias e instituciones de una cultura concebidas como base de las estructuras sociales, SIN.: *antropología cultural*.

¿Cuál es la correcta? ¿Qué libro conviene más al lector novel? O, como preguntan algunos estudiantes: ¿Qué libro hay que leer para aprobar el examen de fin de semestre?

A tales alumnos habremos de contestar con una respuesta que posiblemente implica un cambio en sus hábitos de aprendizaje: hay tantas antropologías como hay antropólogos (cf. §8) y sin duda tantas definiciones como definidores. *Quot capita | tot sententiæ*, y todas ellas

---

[1] Imbelloni es de los que italianizaron con mucho éxito el castellano austral: en su época un hispanohablante nativo habría escrito *acto de comercio primitivo*.

[2] *Monitor* - Enciclopedia Salvat para todos, Pamplona, 1965, recoge el valor que el vocablo tiene en el continente europeo, a ambos lados de la línea divisoria que Churchill llamó de hierro: Antropología = estudio físico del hombre. Pero la anglización de España, no sólo de los etnólogos preparados en el nuevo mundo, hará posiblemente que nuevas ediciones de este y de otros diccionarios resulten cada vez más americanizados. [Por ejemplo incluyendo «tráfico» como tránsito.]

muy respetables. Algunos antropólogos no imponemos ninguna opinión, ni discriminamos ninguna (§17,2).

Dejemos, pues, asentado que no existe el libro ni la definición.

§9,1 Esto parecería significar que el antropólogo en ciernes debe leer todos los autores y aprenderse todas las definiciones durante su primer semestre de acercamiento a esta disciplina.

De ningún modo. Sería antipedagógico proceder así.

Ni tiene que conocer el neófito todos los nombres de los autores ni está obligado a leerse todos los libros de la biblioteca del Municipio o Instituto en que estudia. Pero sí debe ir familiarizándose con la bibliografía antropológica (véase la lista al final de este libro), y he establecido en mis clases lo que me permito recomendar también al lector que no sigue la carrera: que el alumno proceda a formar un "fichero conceptual". Las fuentes de información para este fichero suyo serán:

> ➤ las anotaciones que se toman en conferencias oídas o en clases, y las notas que en algunos centro de docencia se editan;
> ➤ la lectura de una o de varias monografías descriptivas (etnográficas);
> ➤ la consulta de enciclopedias, de diccionarios especializados y de obras de antropología teoréticas y de antropología general.

La persona interesada en integrar su fichero recortará (o comprará) papel recortado a un tamaño pequeño; éste puede ser de 7,5 x 12,5 centímetros, que es una norma universal. Cada uno de esa "recortados" se llama *papeleta* mientras no contenga anotaciones, y se llamará *ficha* cuando ya las tenga. En la parte superior, a tres espacio del borde izquierdo, se anota a máquina y subrayado el *concepto* o *término* con que el estudiante se encuentre al leer obras de antropología. En la parte inferior de las papeletas se anotan en forma abreviada (con sigla o con una clave de uno) la obra en la cual se halló dicho término, y la página en que éste es tratado.

El estudiante ordenará alfabéticamente las papeletas, que podríamos llamar "protofichas". Al leer la siguiente obra, o simplemente al hojearla (¡no es necesario leer las obras completas, pero es recomendable hojear varias!), volverá probablemente a encontrar algunos de los términos ya incluidos en su fichero. En tal caso, anotará esta nueva fuente (título, fecha de edición, página) arriba de la primera fuente, en la parte inferior de la papeletas. El aspecto de esta protoficha será el siguiente:

```
XXXXXXXXXXX,
XXXXXXXXXXX


(la cita)




XCXVXCXVX, 1966, p. 25
XCXCXCXCX, 1930, p. 50
```

Con toda intención se escoge para estas anotaciones un tamaño de papeleta que impida transcribir citas tomadas de los libros.

Las citas se anotarán en el tradicional cuaderno de apuntes en el que las personas interesadas en un estudio sistemático suelen hacer todas las anotaciones que estimen convenientes. Claro está que el cuaderno y las fichas no se excluyen mutuamente.

En las protofichas se anotarán exclusivamente lo que se acaba de anotar: el término y la breve indicación de la fuentes (es breve, por que no hemos incluído algunos datos, como la editorial y la ciudad).

Cuando finalmente hayamos hecho suficientes anotaciones en el cuaderno, y nos sentimos capaces de hacer una brevísima definición por nuestra cuenta, la formulamos y la anotamos en el otro lado (atrás) de la papeleta. De tiempo en tiempo tomaremos este fichero conceptual y nos haremos un auto-examen: el frente de las protofichas funcionará como cuestionario, y el otro lado nos brinda las contestaciones.

Este fichero no sólo sirve para preparar exámenes, sino también para futuros trabajos escritos, ¡calcúlese cuántas fichas se pueden reunir en 8 ó 10 semestre de lectura! El orden alfabético tiene una doble función:

➣ permitir que se localice en todo momento el concepto que se busca,

➣ sacar los conceptos de su contexto original.

Esto último es especialmente interesante durante el auto-examen, pues preguntas no llegan ordenadas en forma "lógica" ni por numeración, sino más bien en forma casual, exactamente como sucede normalmente en los exámenes.[3] El contenido original, que desde luego conviene conocer, estará registrado en el cuaderno de apuntes y en los libros que el estudioso ha adquirido y que tiene en su casa al alcance de la mano.

Si se empieza a integrar nuestro fichero con los conceptos que se encuentran en las páginas del presente curso, es muy probable que cada uno de los neófitos anotará lo que sigue, con el fin de reflexionar acerca de ello o de consultar en enciclopedia u otros libros:

alófono, 13,1

altas culturas, §16,1

antropología física aplicada, §12,3,1, §16,2

A. P. Í, §14,1

catálogos, §9,3,3

cibernética, §13,4; §14,0

ciclo anual, §18,3

ciclo de vida, §11,1

difusión, -ismo, §16,3; §16,5; §17,1

distinctive features, §14,5;,§14,6

ergología, §12,1

fichero, tarjetero, §9,2; §9,3,1

folk, §16,2; §18,11

fonema, §13,3; §14,0

fuente, §9,1

funcionalista, §16,3; §16,5

laografía, §18,1

lingüística, §13,4; §13,5

mapa(s), §10; §18,2

mas, §18,2

museografía, §12,1; §15,4

nahua(s), §15,3

ocluyente (contoid), §14,7

orígenes, §16,3

pozo, cala, trinchera, §15,5

quipu, §15,3

resonante (vocoid) §14,8

sinoística. §16,1

sobretiro, §9,2

sonar (sust.), §15,5

glosario en libros, §9,3,2

glotocronología, §13,5

h, §14,8

---

[3]   "Caen en forma casual" decimos en lenguaje corriente, sin caer en la cuenta de que son singéneas las palabra caer, casual, acaecido y por cierto también caduco; vienen del latín cad-, cas-.

sorda (articulación), §14,1; §14,5; §14,8
tarjetas perforadas, §13,5
varva(s), §15,5
Völkerwanderung, §15,2
Worte und Sachen, §18,2
haček, §14,1; §14,3
indoeuropeos, §16,4

§9,2 Los planes de estudios de algunos planteles universitarios prevén un aspecto teórico y un aspecto práctico de los cursos. Cuando existe un solo curso de antropología en la institución docente, la parte teórica será satisfecha en clase con la lectura de los capítulos que se escojan de las obras impresas. La parte práctica, esto es, el contacto directo con el material cultural, se logra visitando museo etnográficos, visitando comunidades aborígenes (o de asiáticos radicados en el país) y también visitando pequeñas comunidades de gente de habla indoeuropea, tanto de tipo rural como de tipo suburbano.

El contacto indirecto con el material cultural se logra mediante los registros de información, como son: fotografías en papel o en celuloide, películas en celuloide, en cinta magnética o en cualquier otro soporte físico;* grabaciones magnetofónicas; obras impresas.

Para la consulta en bibliotecas, éstas disponen de un tarjetero o fichero en gavetas metálicas (a veces de madera), organizado por temas y también por autores. El público abre este mueble y entresaca aquéllas gavetas en cuyas fichas espera encontrar la información deseada. [En el momento de imprimirse estos apuntes confeccionados para alumnos que ahora ya se han jubilado, la casi totalidad de las bibliotecas públicas se ha «sistematizado», esto es, disponen de terminales de ordenador (PC), lo que agiliza mucho la búsqueda. Algunas demasiado optimistas quitaron sus gavetas –con el resultado de que en habiendo una falla del sistema, nadie puede buscar datos. Por ello conviene tener adelantada esa labor del ficheo no sólo con el nombre del libro y autor, sino con su referencia topográfica: en qué estante se encuentra la obra.] Las tarjetas tienen una perforación en la parte inferior, a través de la cual pasa una eje metálico que las detiene; así se evita que sean sacadas involuntariamente, por ejemplo al caer al suelo la gaveta. [A parte de una biblioteca «sistematizada» en nuestra ciudad, las hay particulares de profesores o de pequeñas instituciones especializadas en las que

---

* [Como a medio siglo de escritas estas líneas, está al alcance de muchas personas no sólo la TV cultural, sino también los datos de İnternęt.]

sigue funcionando el tarjetero; tal vez la nuestra personal llegará a ser bastante voluminosa, por lo que es conveniente saber manejar tarjeteros y fichas.] La persona que desea informarse, por ejemplo, acerca de lo que es la laografía, busca la gaveta que contiene los títulos de obras que tratan el tema. Encontrará ahí, ordenados alfabéticamente a los autores de artículos de libros de folcor, que es la designación de origen inglés (folk-lore) de esta disciplina.

```
Cortazar, Augusto Raúl
  Clasificación de
  materiales folkóricos.


Folkore Americano.
t. 8-9,
Lima (Perú), 1960-1961,
p. 53-70.
```

7,5 cm

12,5 cm

Además de estos datos, las fichas de las bibliotecas tienen en la parte superior derecha, o a veces en otro sitio, ciertos "números topográficos", que permiten localizar en los anaqueles la obra solicitada. Cuando en 1958 hice el ficheo** de una muy surtida biblioteca especializada que lamentablemente carecía de registro, puse en algunas fichas (que se hicieron en tarjetas como la arriba ilustrada) una S en la parte superior derecha; con esto se indicaba que la obra anotada en esa tarjeta procedía

---

** Que la Universidad de Antioquia (Colombia) publicó como *Bibliographïa Americanïstica Brevis*, 1971, 170 pp.

de un "sobretiro" (separata) o que era un folleto pequeño, guardado en
una "caja de separatas" en un estante aparte.[1]

§9,3,1 El aspecto pedagógico que nos ofrece nuestra concurrencia
a la biblioteca consiste en el aprovechamiento de las obras que
consultamos. El aspecto práctico de estas visitas las bibliotecas es el
manejo del tarjetero, que es la base para la confección de nuestro fichero
bibliográfico personal.

¿Qué libros libros se consultarán primero?

Ya hemos asentado (§9,0) que no existe un libro básico obligatorio
para todo principiante. ¡Y qué bueno que no sea así, pues de lo contrario
las bibliotecas se podría sentir obligadas de adquirir unos 50 ó 100
ejemplares de tal(es) libro(s)! Tampoco es necesario que el lector novel
lea página por página las obras que esté consultando.

Esto significa que hay que aprender un nuevo método de lectura:
saltando ciertas partes. Se procederá en la siguiente forma:

§9,3,2 Buscamos "títulos prometedores" en el tarjetero de la
biblioteca o en la bibliografía contenido en las páginas finales de
cualquier libro de antropología. Basta haber tenido entre manos
una sola obra para tener una bibliografía; no es necesario solicitar al
bibliotecario o al asistente del profesor (¡no molestar a ese!) una lista
hecha especialmente para nosotros.

Prometen ser interesantes para iniciarse en la materia,los libros
en cuyo títulos ocurren palabras como introducción, general,
fundamentos, etnología, antropología, lo que significa que nos
interesarán libros con títulos más o menos del siguiente tenor: Cuestiones
fundamentales de antropología, Introducción a la etnología, Antropología
general, ¿Qué es antropología?, La antropología y su estudio, Historia de
la etnología, Historia de la cultura, Culturología,[2] El estudio de la cultura,
La cultura y su estudio, Antropología social, y otros libros llamados obras
«generales» o «teóricas»; para. Pl principiante ellas pueden resultar de
tan difícil lectura como el *Curso de lingüística general* de F. de Saussure.
[Es un grave error pedagógico insistir en lecturas difíciles y en situar

---

[1]   Separată es el plural latino de separatum. Con este nombre o el de tirada aparte,
extracto, reimpresión u otro, se conoce la edición suplementaria que hacen las revistas
científicas de los artículos que publican.
    Por ejemplo, una revista "tira" 1000 ejemplares de una revista + una corto número
(solían ser 25) supranumerario de cada artículo, que constituyen el "sobretiro". Estos
ejemplares son entregados a los autores, a menudo como única retribución por su
trabajo.
[2]   Palabra que emplean Ìmbelloni y Whissler para designar a la antropología, o sea,
el estudio de la cultura. (Cf. §7,3.)

sus temas al comienzo de los estudios: deben tratarse en semestre más avanzados.]

Distintas de las generales son las obras monográficas ("case studies") y los relatos de viajeros; ellas tratan de pueblos específicos. Como ejemplos podemos citar las siguientes: Rassmunsen, *Die lange Schlittenfahrt*, Radcliffe-Brown, *The Andaman islanders*, Birket-Smith, *The Eskimos*, Murdock, *Our primitive contemporaries*, Caro B. *Los vascos*, Hissink, *Die Tacana*. R. Williams, *Los tepehuas*.

Las obras de carácter etnográfico suelen constituir una lectura agradable. Hecho que no debe distraernos de nuestra intención original, que es:

> ➤ Hacer anotaciones en la libreta de apuntes,
> ➤ Sacar términos que nos resulten novedosos y pasarlos al fichero conceptual (§9,1).

Sin dejar mucho tiempo consultaremos después en un diccionario especializado (por ejemplo de sociología, de religión, de filosofía) para encontrar el significado de dichos términos. Frecuentemente los libros de etnografía tienen al final un glosario, al dedicaremos especialmente nuestra atención.

Nuestro "nuevo método de leer" será aplicado cuando nos encontremos con capítulos que no parezcan aburridores.

Estos son generalmente capítulos de alta especialización que no entendemos. Puede tratarse, por ejemplo, de digresiones filológicas o de la exposición de un sistema de parentesco. Si carecemos de bases para entenderlo, será vana porfía insistir en su lectura, pues simplemente seguiríamos sin entender y habremos perdido el tiempo, sin más resultado que una frustración. Más vale saltarnos esas páginas. Este modo de leer "saltando" es completamente normal y permite al investigador entrenado conocer en un día el contenido de varios libros; este conocimiento le permitirá también saber de qué páginas tomar notas.

Claro está que tal proceder es más bien un tipo de consulta que un tipo de lectura: Mas, este método de lectura rápida es completamente lícito si hacemos: ➤ las mencionadas anotaciones en nuestra libreta de apuntes, y ➤ las fichas conceptuales (o protofichas) para saber dónde están tratados ciertos temas o términos.

§10,1 En librerías de viejo y en los anaqueles o "libreros" de nuestros familiares pueden encontrarse ocasionalmente obras de interés para nosotros.

Durante el primer tercio del siglo XX se imprimieron en español y en otras lenguas voluminosas obras acerca de los pueblos del mundo o, como se decía equivocadamente por entonces, de las "razas del mundo" (cf. § 5,7). Su valor científico es escaso, pero las ilustraciones son muchas veces muy interesantes.

Las antiguas crónicas tienen valor etnohistórico incuestionable (Inca Gracilaso de la Vega, Álvar Núñez Cabeza de Vaca, Bernal Díaz del Castillo, Ulrich Schmidl, Francisco de Pineda y Bascuñán, Dobrizhoffer). En cada país se han hecho reediciones o traducciones recientes de viajeros extranjeros y nacionales, como *Una excursión a los indios ranqüeles*, *Andanzas de un alemán en Chile, Viajes por Colombia - 1823 y 1824*, *Viajes por Colombia - 1911 a 1912, Cazadores de cabezas en el Amazonas*. Existen apasionantes libros modernos de viajes editados en Barcelona y Madrid, pero no siempre traducidos con suficientes conocimientos. En Méjico se han publicado algunas bibliografías en forma de novela, cuyos autores suelen ser etnólogos (*Los hombre verdaderos*; "Che ndú"; *Juan Pérez Xolote*) y antología de cuentos cortos, de gran interés para nosotros (Francisco Salmerón, Rosario Castellanos y, mucho mejor: Eraclio Zepeda –a pesar del esnobismo en la escritura de su nombre. En Guatemala se ha editado toda una serie de monografías de comunidades estudiadas por «chicaguenes», esto es, por etnólogos de Chicago.

Consultando catálogos de editoriales (por ejemplo EUDEBA, EMECÉ, FCE, Lautaro, PUF (Francia), Payot (Francia), Labor, Paidós, Espasa Calpe) se pueden encontrar títulos antropológicos. Existen editoriales menos conocidas, cuyas listas de publicaciones deparan agradables sorpresas.

§10,2 En nuestras lecturas encontraremos no sólo conceptos nuevos, surgidos de los textos, sino también mapas de distribución de culturas y lenguas: de ellos hay que sacar ξηροcopias.

Ha sido preocupación de los investigadores de décadas pasadas, confeccionar mapas. El conocimientos que en ellos se presenta es esencial para nosotros. Las Facultades de Filosofía (que por influjos del idiomas inglés son llamados "de Humanidades" en algunas partes) deben adquirir mapas de historia de las culturas; las bibliotecas deben adquirir atlas histórico-culturales,; en los pasillos de escuelas de antropología algunas paredes debieran ser transformadas en mapas murales.

De acuerdo con sus posibilidades pecuniarias individuales, cada quien debiera proponerse reunir este tipo de información bidimensional.

Cómo se describe una cultura

§11,0 Si alguien nos pidiera hacer una lista de cuestiones que deben ser tomadas en cuenta al describir una cultura, posiblemente todos nosotros llegaríamos a presentar un inventario aproximadamente igual. Lo que variará será ante todo el orden en que habremos anotado los temas, y el léxico empleado. Cosa que no debe conmovernos, pues lo mismo sucede cuando escriben los eruditos.

§11,1 Leyendo las monografías que presenta G. P. Murdock en su libro *Nuestros contemporáneos primitivos* (FCE), y analizando la estructura que tienen, podemos saber cómo se hacen monografías de alta calidad. Una manera sencilla de dividir el estudio de una cultura es tratar por un lado la cultura material y por otro lado la llamada cultura espiritual. A continuación ofrezco otra posibilidad de organizar una descripción.[1] En ella los aspectos materiales (ergología, tecnología) podrían ser tratados en los puntos 4 y 5.

0 Localización
   clima, fauna, flora

1 Historia, procedencia
   filiación racial, lengua

2 Ciclo de vida
   nacimiento
   iniciación
   matrimonio
   sepultura

3 Organización social
   la familia
   el grupo
   el gobierno
   régimen de propiedad,
   sistema de herencia
   educación, transmisión de
   tradición

   comunicación
   control social
   vicios, criminalidad, castigos

4 Economía
   división del trabajo
   grupos económicos
   clases sociales
   oficios, artesanías
   comunicación (vehículos,
   conductores)
   pesca, caza
   cría de animales
   recolección, cultivos

5 Cultura material de
   subsistencia
   alimentación
   habitación
   alumbrado y calefacción
   vestido

---

[1] No es siempre posible atenerse estrictamente a la guía que aquí se propone. Sucede en ocasiones que faltan materiales, o que nos estamos dirigiendo a lectores que no desearían conocer todos los materiales que efectivamente poseemos, por tratarse de gente no especializada en etnología ni en otra ciencia social. En este último caso, puede ser necesario dar una justificación: una razón por la cual hemos emprendido la tarea de describir un pueblo o ciertos aspectos de la vida de un pueblo, pero no otros. Un recurso periodístico moderno es empezar con una breve anécdota, para tratar de cautivar al lector, aunque esa historieta no tenga una relación sólida con lo que va a seguir.

6   Esparcimiento, arte   8   Contactos con otros
    arte decorativo, cantos,   grupos
    cuentos   contactos con grupos del
    juegos, deporte   mismo pueblo
                                      contactos, conflictos o
7   Religión. Magia,   guerras con
    curaciones, tabúes
                                      adaptación, conflictos
    otros pueblos,   influjos irradiados sobre
    cambios culturales y sociales   otros pueblos

En su *Epítome de culturología* (véase bibliografía), Ìmbelloni presenta en la página 34 el siguiente inventario de los temas:

Vida material	Individuo y grupo	Vida mental
habitación	ciclo de vida	tradiciones
economía	división del trabajo	concepción del mundo
alimentación	organización familiar	creencias
vestido, adornos	y social	artes
instrumentos	herencia	ciencias
armas	y otras normas de derecho	(medicina, etc.)
industrias	ciclo anual	
transporte		
comercio		

§11,2 Véanse críticamente las estructuras (esto es: los índices) de los libros de etnología general y de antropología general.

§11,3 De norma para la clasificación de los hechos culturales sirven en la actualidad en los institutos los dos siguientes folletos: *Guía de campo del investigador social*, 267 pp., 1956-70, editado como ## III/V de los manuales técnicos de la Unión Panamericana, Wąshington, y en la misma serie, como #1 la *Guía para la clasificación de los datos culturales*, 247 pp., de Mųrdock et ạlii.

La primera de estas obras intenta ofrecer al investigador un «ayuda-memoria» para recordar qué hechos debe observar y anotar. La segunda intenta dar a los investigadores y a los directores de institutos una orientación de cómo ordenar los datos: mediante una clave única, común a los ficheros de todos los institutos (cf. §35,11,2). No obstante esta intención, se recomienda hojear la Guía de Murdock antes de empezar una investigación de campo (véase §35,11.3).

Divisiones de la antropología

§12,0 Visto y discutido el contenido de las culturas, estamos ya en condiciones de volver al punto §9,0: ¿De qué se ocupan los antropólogos?, o sea, ¿qué es antropología?, ¿Qué preparación académica debe tener un antropólogo?, ¿Qué puede esperar la sociedad de ese profesionista? (Véase la contestación en §19, §20, §21.)

§12,1 De acuerdo con el artículo 2° del *Reglamento del Instituto de Antropología de la Universidad Nacional de Córdoba*, Argentina, 1967, p. 5: «El Instituto será integrado[1] por cinco secciones, que son: Arqueología, Etnología y Folclor, Antropología, Lingüística americana, y Antropogeografía, las que se irán organizando a medida que sus recursos lo permitan.» Reflexione por favor el lector acerca de esta manera de dividir la antropología.

§12,2 Los estudios de antropología en Méjico estaban divididos durante mucho tiempo en cinco «carreras», de las cuales ha sido suprimida la de Museografía, que preparaba técnicos para museos.[2] Las carreras que han quedado son: Antropología física, Arqueología, Lingüística, Etnología (con subespecialidades: Etnohistoria, Antropología social, Etnografía general).

§12,3 Podríamos multiplicar los ejemplos, pero por razón de espacio conviene resumir aquí las diversas divisiones o clasificaciones de la antropología y de sus especialidades.

---

[1]   [En aquella época hasta en la «gringa» provincia de Córdoba se empleaba correctamente este verbo; hoy usarían el nuevo galicismo de "conformado".]

[2]   Su denominación puede compararse con la de la biblioteconomía, y cabría preguntarse si no habría que decir "museonomía". Sin duda habría sido incorrecto crear el vocablo "museología", como incorrecto sería decir "bibliotecología", o llamar "panaderología" a la tahona, "carnicerología", "cosmetología" (=salón de belleza), "inyectología" (en una botica: saloncillo que se ponen inyecciones), aunque, en verdad, si estas barbaridades todavía no se escriben, no ha de faltar mucho para que surjan. ¡Pero la terminación *-ólogo* no es para designar a cualquier ocupación!

Téngase presente que la terminación *-logía* debe reservarse para designar a ocupaciones de investigación y cuya finalidad es, claro está, ofrecernos conocimientos nuevos. Administrar bibliotecas y museos son labores útiles y polifacéticas, pero son tan poco *-logías* como lo es la útil y muy respetable del común de los dentistas.

§12,3,1 La antropología física se ocupa del estudio biológico del hombre. Sus ejecutores suelen haber estudiado medicina antes de sentir vocación por estas investigaciones.

Se ha dicho que la antropología física se divide en un estudio del hombre muerto y en un estudio del hombre vivo. En el primer caso, se encuentran interesantes datos acera de las razas humanas desaparecidas y de las migraciones muy antiguas de los hombre por el globo. En el segundo caso, el individuo puede recibir información acerca de su paternidad o la sociedad puede ser informada de la conveniencia de cambiar de hábitos dietéticos (por ejemplo en relación con la formación de caries), o de las medidas que deben tener los muebles escolares, los artefactos de baño, la ropa confeccionada en fábricas, los muebles de oficina, o las proporciones interiores de un vehículo.* Se trata entonces de una antropología física aplicada. El estudio de la antropología física no es tarea de la antropología cultural, pero le brinda informaciones al descubrir huellas de antiguas poblaciones.

§12,3,3 Se ha dicho igualmente que existe una antropología cultural del hombre muerto y una antropología cultural del hombre vivo. Los ejecutores de la primera suelen tener intereses históricos. Los ejecutores de la segunda suelen tener intereses sociales o antropogeográficas. Pero ambos concuerdan en la forma de presentar sus investigaciones, de acuerdo con los tratado en §11. Cuando los antropólogos culturales son solicitados por los gobiernos para presentar sus sugerencias y soluciones, se habla de una antropología aplicada.

El nombre de **Antropología cultural** es el término de cuño anglosajón para lo que en Europa continental llaman **Etnología** (en alemán Völkerkunde, en ruso Этнография). De ahí que al poner esta ciencia al servicio del Estado o de organismo internacionales (CREFAL, Peace Corp, Entwicklungsdienst, UNESCO, etc.) se hable también de **etnología aplicada**.

§12,4 El estudio del pasado y del presente de una cultura o de un región cultural, abarca muchos aspectos, para los cuales se han desarrollado subdisciplinas antropológicas especiales.

La investigación de las formas glóticas (=idiomáticas)

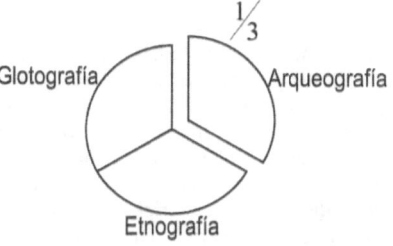

es realizada por la lingüística. Estudiar los vestigios del pasado de una

---

* [Después de escrito este curso, se creó el adjetivo **ergonómico** para ello.]

cultura, extrayéndolos del suelo es tarea de la arqueografía. Y de la descripción de la cultura material y espiritual de los grupos sociales se encarga la etnografía.

Obsérevese que dos tercios son dedicados al hombre vivo, y un tercio al del pasado:

§12,5 Las ocupaciones cuyo nombre terminan en -*grafía*, se ocupan de conseguir los datos ("recabación"); las de la -*logía* se enfrentan a la tarea de ordenarlos y compararlos.

Si el investigador tiene clara conciencia del nivel de abstracción en que se está moviendo en en sus labores, ésto repercutirá en una mayor calidad de su trabajo.

Glotografía y glotología

§13,1 La glotografía es la parte de la lingüística que se ocupa de la recopilación de los datos procedentes de informantes. Todo antropólogo cultural debe poseer un entrenamiento glotográfico suficiente para poder confeccionar vocabularios intachables. Pero para ahondar en la estructura del idioma, se requieren conocimientos glotológicos especiales, que no se pueden exigir al antropólogo común.

§13,2 En todo libro moderno de antropología se habla del fonema. Desde la segunda mitad del siglo XX, en que se escribió este curso, es inconcebible una antropología cultural o una antropología social sin lingüística, y desde el primer tercio del mismo siglo es inconcebible una lingüística sin el concepto del fonema.

Pero al igual que en §9,0 hemos de decir ahora al estudiante que de poco o de nada le servirá para reconocer un fonema, poder recitar de memoria una o varias definiciones.

Búsquense las definiciones en obras filológicas o en enciclopedias, pero háganse unas cuantas «prácticas» (§22,5,1) para entender realmente este concepto pues, como escribiera Manuel García Morente en Tucumán (*Lecciones preliminares de Filosofía*, 1937): «No se puede definir... antes de entrar directamente en el trabajo...», y no se trata de «asimilar un saber logrado, sino lanzarse...».

§13,3 La nueva lingüística empieza en 1916 con la publicación póstuma del *Cours de linguistique générale* del suizo De Saussure, discípulo Von der Gabelentz. Puede decirse que desde entonces acá «la lingüística cursa bajo el signo del signo». El fonema es un signo lingüístico; es una unidad de un sistema de signos localizado en el cerebro de los usuarios de un idioma dado y cuyas realizaciones físicas se llaman alófonos o variantes. La lingüística del siglo XX es la lingüística estructural, y con su concepción ha influído al de la estructura en etnología y en la literatura (cf. las obras de Lévi-Strauss recientemente vertidas al español).*

§13,4 La precisa formulación de estructuras lingüísticas ha permitido, al desarrollarse la cibernética (=automatización) en la segunda mitad del siglo XX, desarrollar programas para cerebros electrónicos, llamados ordinateurs en francés y compyter en inglés, destinados al manejo de materiales idiomático, por ejemplo para la traducción de diarios (como el Правда) al inglés.

Con los programas confeccionados por lingüistas y matemáticos, las mencionadas calculadora electrónicas son capaces de generar fábulas y poesías en el estilo de autores del pasado y, como ya se apuntó, de generar traducciones. [Algunos decenios más tarde, se hicieron programas para la lingüística de campo, es decir, para la antropología]. Pero estos interesantísimos aspectos de la lingüística aplicada en provecho de la comunidad humana, salen del campo de la antropología cultural

La lingüística antropológicamente aplicada se ocupa de la confección de cartillas de alfabetización, de programas de radio, del afinamiento de programas de lenguas (tanto clásicas como modernas) en la universidades, de la rectificación de letreros toponímicos en las carreteras, y del estudio de cuánto pueda relacionarse con cuestiones del idioma.

§13,5 En el campo de la contemplación histórica, la lingüística permite comparar y establecer estirpes de idiomas (presenta, por ejemplo, mapas de distribución y "redes" de parentesco).

Para estos menesteres se recurre necesariamente al concepto de fonema y al de estructura y, finalmente, al empleo de los medios modernos que ayudan a la investigación. Éstos van cambiando, y los institutos verán la manera de adquirir los que convengan. En el comienzo de la segunda mitad del siglo XX, eran las grabadoras magnetofónicas y las tarjetas perforadas; éstas servían como medio de comunicación entre el investigador y los grandes cerebros electrónicos (§36,10,2). En el comienzo del siglo XXI, son los microprocesadores portátiles lo que se recomienda para el campo y los micros domésticos o PC para la ciudad. Entre los muchos programas se pueden mencionar los ahora ya añejos Lap-top publishing for the field linguist o el Wordsurv:

---

* [En aquellos días, estaba a punto de surgir entre los intelectuales –y los aficionados a la antropología– la fiebre del estructuralismo. Quien no había leído a Lévi-Strauss estaba "out". Cinco años después los nuevos intelectuales y los dados a la antropología, no conocían ni su apellido. Desde entonces desconfío de toda moda intelectual –aunque dure más de cinco años.]

a programm for analyzing language survey world lists, del Ínstituto Lingüístico de Verano.

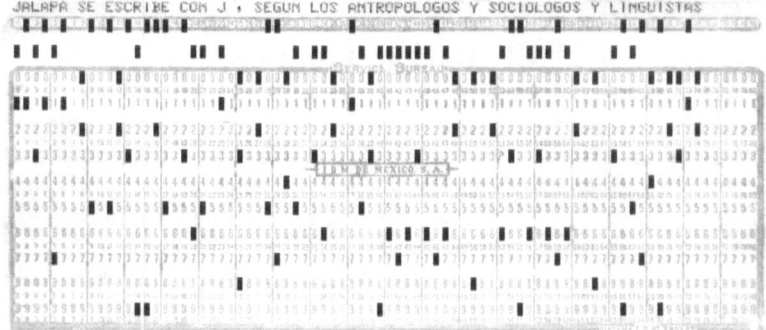

§13,6 La glotocronología establece los siglos mínimos de divergencia entre lenguas de una misma estirpe. El profesor M. Swadesh, quien no fue el inventor pero sí el corifeo de esta técnica, ordenaba las tarjetas perforadas mediante una máquina mecánico-eléctrica, las selecciones eran elaboradas en una cerebro electrónico que arrojaba las cálculos glotocronólogicos. Cuando murió, en México, D.F., no hubo quien prosiguiera en sus investigaciones, las cuales, por lo demás ya se habían ocupado de todas las estirpes del globo, claro que siempre faltaron algunos pormenores por aclarar. Para una antropología de intereses más históricos que de aplicación social [como era el caso en Córdoba] los resultados de la glotocronología son indispensables.

§13,7 La lingüística antropológica, además de la poderse aplicarse a la rectificación de topínomos y a la comparación, se aplica al estudio de lenguas sin escritura (ágrafas), en los cuatro niveles iniciales del conocimiento de una lengua que son: fonética, fonemática, morfemática y sintaxis. El último sólo en los –muy raros– casos en que el lingüista disponga del tiempo necesario para ello.

Así vista, el campo "legal" del lingüista se reduce a los cuatro nieveles mencionados. Pero claro está que tiene derecho de asomarse a otras especializaciones existentes o que van surgiendo fuera del mundo antropológico. Por ejemploél del Análisis del contenido que ha evolucionado al Análisis del discurso.

¡Cuidado con estos y otros conceptos ajenos a nuestros quehacer! Son a menudo empleados como eslóganes de moda pero con desconocimiento de su significado.[3]

El alfabeto fonético

§14,0,0 La glotología (=lingüística) ha sido rodeada de un aire de misterio, posiblemente debido al uso de un alfabeto desconocido al común de la gente, y al empleo de fórmulas y de signos semejantes a los de los químicos y lógicos matemáticos, así como al manejo de materiales redactados originalmente en escritura cuneiforme, sánscrito, hebreo, árabe o griego, y, posteriormente, con su familiaridad con la cibernética.

Muchas veces este velo no se ha descorrido en los libros viejos por una muy simple razón: por dificultades tipográficas. [Éstas desaparecieron con las «fuentes» para ordenadores: ya no hay pretexto para no acentuar una mayúscula, como la V́, poner un diacrítico a una consonante como ĉ č ć ċ, sea porque están, en las «fuentes» del PC (sólo hay que "activarlas"), sea porque en las «fuentes» del Ínstituto Lingüístico de Verano existen los recursos para ponerlas. También hay programas que permiten dibujar las letras que necesitemos.]

§14,0,1 Efectivamente, el empleo de signos como ⊃, ⟨ ⟩, \, ∩, ∪, ≡, o simplemente de √, ≠, resulta repelente para las personas no familiarizado con las formalizaciones necesarias en muchas ciencias. Los autores deberán procurar no irritar innecesariamente con extravagancias gráficas a sus lectores, pero los lectores deben aceptar que los metalenguajes son necesarios en las ciencias, y esto lo debe saber todo antropólogo.

En cierta manera, se puede reconocer al antropólogo iniciado y diferenciarlo del hombre profano, por su familiaridad con el alfabeto fonético y por el manejo (no definición) del concepto de fonema.

(¡Quienes confunden el fonema con el sonido o con la letra, decididamente no son iniciados!)

§14,1 Para suplir un poco la falta de información respecto del alfabeto, se ofrecen las siguientes líneas:

Las lenguas no indoeuropeas tiene frecuentemente sonidos que son desconocidos en Europa. El antropólogo cultural los tiene que saber distinguir y saber transcribir. Así, por ejemplo, a la serie no aspirada p

---

[3]   La esencia de "discurso", con sus páginas y paginas de explicación, es la intención o, más elega te, la intencionalidad.

t k⁴ puede corresponder una serie sorda aspirada p' t' k' o también una serie sorda glotalizadas p' t' k'.

§14,2,0 Existe un alfabeto de más de un siglo de existencia llamado Apeí o A.P.Í. (Alphabet Phonetique International) que se basa en el exigente postulado de «para cada sonido, una letra». En vista de que el número de sonidos de habla humana es algo elevado, el Apeí tiene una cantidad fabulosa de signos (algunos extravagantes a ultanza: ʒ ɯ ʃ ɬ ɟ ʛ ɻ ʈ ʎ ɣ ɥ ɧ ɸ ɟ ʄ β ʕ ɗ ɚ ɖ ɗ ɲ ŋ ɕ ʍ) que en general son muy imprácticos tanto para escribir como para imprimir y para descifrar. Por esta razón no ha tenido aceptación entre los etnólogos, con la excepción de los suecos, pues el antropólogo quiere acercarse al público y no resultarle repelente (cf. §14,0,1). [Pero, desde tiempo, la Association Phonétique Internationale tiene una actitud muy *aggressive*; empezó por mandar fundir las matrices para linotipo y terminó por convencer a los fabricantes de «fuentes» (hasta al S.Í.L. o Instituto Lingüístico de Verano) que después de la 2ª guerra mundial ya era de buen tono emplear un alfabeto que se autonombra *Internacional.*][5]

§14,2,1 Los antropólogos (excepto los suecos de Lund) lo mismo que los estudiosos de ciertas áreas culturales, como son los arabistas, comparten con los hispanista el alfabeto latino enriquecido con un juego sistemático de diacríticos, entre los que destaca el haček empleados en varias lenguas de Europa oriental. Esteˇ indica palatalidad (š č ž ǯ ñ ř). Si no se dispone de haček en la máquina de escribir, se puede emplear el circunflejo: ŝ ĉ zş ʒş nş rş.

§14,2,2 Los demás diacríticos son esencialmente: el gancho polaco debajo de vocal nos indica que es nasal (i̧ ȩ a̧ u̧). El guión, -, atravesando una consonante hace que ésta sea leída como fricativa (ᵽ ŧ k̵, ƀ đ g). El mismo guión atravesando vocal indica que esta es central de labios planos (ʉ i̵ ө); en la práctica se puede sustituir i̵ por ï. La diéresis marca una vocal central redonda (ü ü ö˙). El acento se emplea como en español (no antepuesto ni post puesto). En las lenguas tonales el acento agudo marca el tono alto, el grave el tono bajo. El punto debajo de una letra indica que esa representa una posición algo más atrás que la que no tiene esa marca (m̩ como en em̩férmo). El circulito̥ debajo indica que es sorda (i̥lla 'isla').

---

⁴ El lector recordará de sus estudios en el colegio secundario lo que es articulación sorda (inglés voiceless, latín muta) y la articulación sonora (inglés voiced, lat. sonans). Para estos y otros conceptos podrá, además, consultar cualquier gramática buena, diccionario de términos filológicos o enciclopedia.

⁵ [Véase al respecto "Función y disfunción del Apeí" en *Lingüística y Literatura*, Medellín, 25, 1994, 20-28.]

Del griego se tomaron los signos ' para la aspiración (llamada espiración en filología) y ' para la glotalización. Comparte con el Apeí el signo ? para la glotalidad "saltillo", la ŋ para velaridad de consonante nasal (áŋkla, aŋgóra, áŋjel), la ɛ para e abierta, la para o abierta, y de inspiración árabe es ʕ (ʕain).

Cuando i y u tienen carácter consonántico, se indica ello con ̦ : ʕa̦in, bi̦en, bu̦ei̦.

§14,3 Es del todo necesario que el lector conozca el valor de los signos š ž ȼ č, y los menos frecuente λ ʒ ǯ.

§14,4 El "nuevo" alfabeto es esencialmente el mismo que el latino y, descontando los diacríticos, es así:

a b ȼ ʒ č ǯ d e f g h i ɨ̆ j k q (=ḳ) l λ m ñ ŋ o ö p r r̃ s š t ŧ (=θ) u ü v w z ž.

§14,5 Cuando los glotólogos y los etnólogos describen una lengua, ordenan las consonantes en forma de cuadro, con lo que difieren de nuestra tradición púnico-latina. En lugar de empezar "por la a" y seguir con b c d e…, empiezan por "el ocluyente" (la consonante) más frontal y de menos rasgos diferenciadores (inglés distinctive features); a este se le representa de manera común y corriente mediante el "signo segmental" p. (Nótese la mala costumbre de los lingüistas de querer aparentar una cientificidad mayor que la necesaria, empleando signos y términos técnicos superfluos en algunos escritos.)

Seguidamente nos describen los demás sonidos de la misma serie articulatoria que, generalmente, son los ocluídos t y k. Este ordenamiento se hace basándose en el conocimientos que tenemos de los puntos de articulación, de acuerdo con* el siguiente esquema:

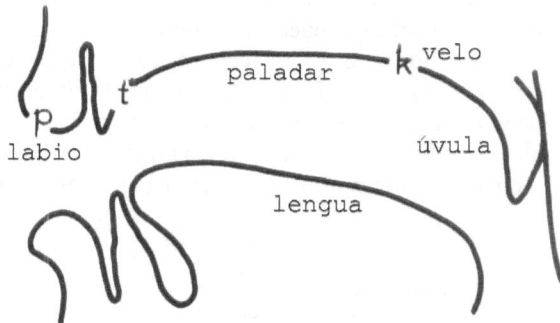

---

*   [Evítese, ¡por favor!, el barbarismo austral de «de acuerdo a».]

§14,6 Descrita la serie ocluída sorda (p t k) los antropólogos culturales pasan a describir la serie que tenga un rasgo diferenciador más. Puede ser ese la mencionada espiración o también la ya mencionada globalización, o ambas:

$$
\begin{array}{ccc}
p & t & k \\
p' & t' & k' \\
p' & t' & k'
\end{array}
$$

Es bastante frecuente en las lenguas del mundo que éstas tengan tres series de ocluídos sordos;[6] pero en las lenguas indoeuropeas no existen en la actualidad. En lugar del rasgo diferenciador glotalización se encuentra en Europa el rasgo diferenciador de la sonoridad (lo que produce b d g), de ahí en griego clásico:

$$
\begin{array}{ccc}
\pi & \tau & \kappa \\
\varphi & \theta & \chi \\
\beta & \delta & \gamma
\end{array}
$$

En hebreo existieron esas mismas serie, pero como alófonos, es decir, como realizaciones predecibles y, además, una serie fricativa sonora:

$$
\begin{array}{ccc}
\text{פ} & \text{ת} & \text{כ} \\
\text{פ} & \text{ת} & \text{כ} \\
\text{ב} & \text{ד} & \text{ג} \\
\text{ב} & \text{ד} & \text{ג}
\end{array}
$$

§14,7 Es necesario aprender de memoria el siguiente cuadro de ocluyentes (inglés contoids), ordenado de acuerdo con los modos de articulación los puntos de articulación y el aire empleados:[7]

bilabial	dental	alveolar	pre-palatal	palatal	post-palatal	velar	glotal ▢
p	t				k	ḳ	ʔ
b	d				g	g̣	
		¢		č			
		3		ǯ			

---

6 Es posible que la serie b' d' g' de la India, derive de la sorda p' t' k'.

7 El signo ʔ ("saltillo") indica un cierre de la glotis (que en griego se escribe', en árabe ٵ (ḥamza), en hebreo א). El africado ¢ ("centavito") está constituídos por dos modos: t + s.

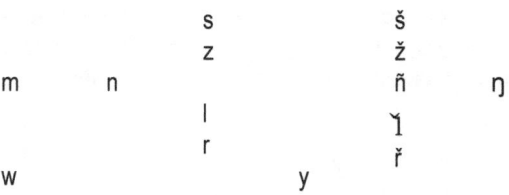

§14,8,1 Los sonidos resonantes (inglés vocoids) son ordenados, igualmente, de acuerdo con sus puntos de articulación:

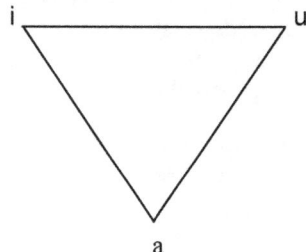

En la parte extrema frontal (lado izquierdo) se encuentran la articulación del sonido resonante sonoro i de labios planos. En la parte extrema posterior se articula el sonido resonante sonoro u, generalmente de labios redondos. En el vértice inferior de los puntos de articulación posibles se forma el sonido resonante sonoro a. Hay que precisar en todo caso la altura dentro del triángulo: i, u son altos, a es bajo.*

Lo más común es que se emitan con aire sonoro; mas, cuando se emplea aire sordo, se marca la ausencia del rasgo sonoridad mediante un circulito debajo: i̥ ḁ u̥.

§14,8,2 Con el signo h se representa un sonido resonante sordo que en el lenguaje de los iniciados se describe como «šwa sorda» y que se articula con la lengua en reposo.**

§14,9 Si durante la emisión del sonido resonante el velo del paladar está bajado, parte del aire pasará detrás de la úvula y penetrará en el resonante nasal o, dicho de manera menos insuflada, en la nariz. Se obtiene así una articulación nasal, como ocurre en ciertas vocales del otomí, kaingang, polaco, portugués, francés. Esta nasalidad se representa

---

* En algunas Secundarias enseñan que a es "abierta"; ¡no hay tal!, no es ni abierta ni cerrada.

** [Sobre el particular puede leerse en el Apéndice I de la parte de Fonética de mi *Sonidos – Fonemas – Morfemas*, 2003.]

con un gancho subscrito (llamado polish hook en los catálogos de las fábricas que surten tipo para máquinas de escribir, y que el investigador puede necesitar para modificar el teclado de su máquina mecánica de escribir; las «fuentes» de los ordenadores suelen tener į ę ą ų, pero no la nasalidad marcada debajo de o). A falta de gancho, se puede emplear la tildẽ, pero tiene el inconveniente de no poder colocársele otros signos encima, como el tono o el acento.

§14,10 Entre los puntos de articulación alta (i, u) y el y el punto más bajo (a), existen muchos puntos posibles de articulación a lo largo de las dos líneas hipotéticas laterales del esquema. Igualmente se pueden articular resonantes en la parte central del triángulo:

$$i \qquad\qquad ü \qquad u$$
$$e \qquad ö \; o$$
$$a$$

El sonido ü ocurre en francés, holandés, alemán, lenguas escandinavas, dialectos italianos y en vasco de Francia, en alemán. Se logra poniendo los labios en posición protuberante («en posición redonda») como para articular el sonido resonante alto posterior u, y sin cambiar de posición los labios articulando con la lengua el resonante i. La solución de la antinomia entre i y u es ü, y la misma solución central se obtiene con e y o: ö.

En lenguas extra europeas y en lenguas eslavas, existen resonantes que se parecen a ü y ö, pero que se articulan con los labios paralelos o planos.

Para representar estos sonidos centrales planos en otomí y en otros idiomas en que existen dos, se emplean los signos ʉ, ɵ. Mas, cuando ocurre uno solo sonido central plano, se emplea cualquier i modificada: ï, ɨ. Este central ocurre en lengua yutonahuas (lo tuvo el nahua) y en algunas lenguas del sur del continente americano, como el mapuche y el guaraní en que coexiste con su correspondiente nasal: ɨ̃. Mansilla no ha sabido escribirlo para el nombre de los que él llama los «ranqueles», cuya grafía le habría quedado mejor con diéresis: «ranquëles». En lenguas del norte de Suramérica, este único fonema central se realiza como ï ~ ̦, lo que explica que algunos autores hayan preferido el signo ̦ para su representación.

Arqueología y arqueografía

§15,1 La arqueografía es la subdisciplina antropológica que se encarga de recoger objetos y huellas de objetos que han dejado los hombres del pasado, y de organizar estos datos..

Los datos arqueográficos son elaborados por la arqueología para intentar la reconstrucción siquiera parcial de culturas pretéritas; esta forma parcial es ordenada en «horizontes».[8] Los datos que maneja y ordena la arqueografía proceden del suelo, encima del cual o dentro del cual éstos han quedado en forma de reliquia[9] de generaciones pasadas. Como tales reliquias no son en sí suficientes para reconstruir culturas, es necesario agregar los datos procedentes de otras fuentes, y de ahí la necesidad de combinar los investigaciones arqueográficas con otras.

§15,2 La combinación de diversos estudios ha dado lugar a distintas especializaciones arqueológicas. Existe una arqueología prehistórica, una arqueología protohistórica, una clásica, una eclesiástica, una medieval, una etnológica, y otras más.

Las técnicas arqueográficas de estas especializaciones son las mismas. Lo que difiere son las ciencias concomitantes. El prehistoriador tiene que tener conocimientos de las culturas cazadoras actuales (o desaparecidas hace poco); el protohistoriador y el arqueólogo del medioevo europeo deben conocer las culturas de la Völkerwanderung (migración de los pueblos)[10] y de otras antiguas poblaciones de Europa; el arqueólogo clásico debe ser greco-latinista. Para hacer arqueología en el Cercano Oriente hay que saber leer las inscripciones cuneiformes; para hacer arqueología en Egipto es menester ser egiptólogo, es decir, saber leer textos jeroglíficos. Para investigar en la región maya y para trabajar en el Lejano Oriente hay que conocer las respectivas escrituras ideográficas.

De ahí que posiblemente en ninguna universidad del mundo se estudie arqueología per sē, sino siempre en combinación con otras materias.

§15,3 Los americanistas en América y en Europa combinan los estudios etnológicos con los estudios arqueológicos.* En Europa se considera que un etnólogo que cuente con algo de entrenamiento arqueográfico está habilitado para hacer investigaciones arqueográficas y, sin lugar a duda, para realizar investigaciones arqueológicas. Pero no rezará lo mismo para un etnólogo que en lugar de prácticas y de cursos

---

[8]   [Es legítimo publicar informes arqueográficos, pero será siempre deseable terminarlos con un intento de arqueología. Esto habría convenido a *Cambios en alfarería y agricultura*, Bogotá, 1995.]

[9]   No se debe emplear el adjetivo relicto con valor sustantivo. En otras palabras: relicto [que el Microsoft de los PC subraya de rojo] no es sinónimo de reliquia.

[10]   [Este curso fue escrito en Argentina, donde se manejan expresiones como Worte und Sachen. Más al norte, se prefiere empleos como WW II (segunda guerra mundial). ¿Cuál es mejor?

*   [¡Desconfíense de programas "curriculares" que no tengan esas combinaciones!]

de teoría en esas ocupaciones, haya recibido otros, como por ejemplo un entrenamiento glotográfico y acaso también sociológico, cf. §25,5,1: **Q = a** 4 [**b** – **c**].

Aparte de conocimientos etnográficos, el futuro arqueólogo-etnólogo (o sea, en nuestro caso el americanista) debe tener conocimientos de las primeras fuentes escritas ("etnohistoria") relacionadas con la cultura en que piensa especializarse y, en muchos casos, debe conocer las lenguas aborígenes.

Obviamente, los conocimientos que se necesitan para hacer investigación en un país pueden resultar innecesarios para hacerlas en un país distinto. Así, por ejemplo, el arqueólogo especializado en el altiplano del Ānáhuac y en las regiones huasteca y totonacas colindantes, no tiene por qué aprender a leer quipus ni glifos mayas –pero sería inconcebible que no supiera leer textos nahuas.

§15,4 De las tres subdisciplinas de la antropología cultural, mencionadas en §12,4, sólo la arqueología mira exclusivamente hacia el pasado, por lo que resultaría difícil tratar de hablar de una "arqueología aplicada".

La exhibición de las piezas arqueográficas, el arreglo de las salas de exposición, la organizaciones de grandes y de pequeñas exposiciones, suelen ser dirigidas con éxito por artistas, por etnólogos, por poetas(!), por arquitectos y finalmente por profesionistas llamados museógrafos, mas no por arqueógrafos y pocas veces por arqueólogos. De ahí la conveniencia de que en cada país exista en alguna de las instituciones docentes la carrera o subcarrera de museografía -aunque de momento no esté de moda. Igualmente no suelen ser arqueólogos quienes organizan la explotación turística de las zonas arqueográficas como Machu Picchu, Zaculeu, Palenque, Teotihuacān, San Agustín.

§15,5 En el siglo XIX muchos "investigadores" empleaban técnicas arqueográficasa que hoy ya sólo usan los saqueadores (huaqueros) y algunos arqueólogos de motū propriō que andan sueltos en Santiago del Estero, en Atacama, en Elche. Actualmente, los arqueólogos han desarrollado procedimientos estrictos para sus excavaciones, y una nomenclatura y tipología para los objetos extraídos (cf. la *Guía de trabajos prácticos*, editada por el abogado Berberián, Córdoba, 1968, la sistemática contenida en *Primera convención nacional de antropología*, 24-29 de mayo de 1964, Córdoba, 1966, y el *Glosario para la documentación cerámica*, editado por el Bco. de la República, Bgtá, 1993). Véase en el grabado con cuan poca limpieza se ha partido en dos el montículo para buscar el "dato" en el centro aparente del montículo o edificio terroso.

El "dato" que se esperaba encontrar debe haber sido algún tesoro

artístico y de ninguna manera una división vertical u horizontal del material acumulado en el edificio.

En la actualidad, ha quedado totalmente proscrito excavar «trincheras», «calas» o «pozos» en montículos. Se emplea, en cambio, la técnica de los "trozos de pastel" en forma de sector, y se dejan "sectores testigos", conforme se ve en la ilustración siguiente:

Para el reconocimiento de sepulcros que se encuentran a cierta profundidad y cubiertos por bóvedas, se practica, con máquina, una perforación de reducido diámetro a modo de endoscopio por la que se pasa una cámara fotográfica pequeña, por ejemplo una Mínox [esta

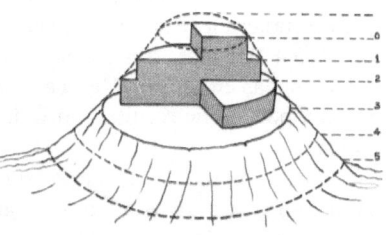

técnica puede ser superada con la introducción de una cámara de vídeo] y una fuente de luz: esto permite explorar el interior sin violar la tumba.

Para controlar la excavación dentro de túneles estrechos, se coloca junto al trabajador una cámara doméstica de televisión –actualmente sumamente baratas- conectada con cable a una pantalla y a una grabadora de imágenes fuera de la excavación. Desde ahí el arqueólogo dirige los trabajos de uno o varios túneles por medio un teléfono (alámbrico o inalámbrico).

Para reconocer los límites de antiguos canales, carreteras y sitios de habitación humana, se recurre a la aerofotografía. Para encontrar objetos en terrenos homogéneos se induce una corriente eléctrica en un extremo del terreno y se clava en el otro extremo un fierro conectado a un auricular; al recoger así la corriente, generará un zumbido en el auricular. A continuación se hinca el fierro en otro sitio y se oirá de nuevo el mismo zumbido. Pero si el sonido cambia, es que se está en presencia de un tramo del trayecto de la corriente en qué existe una resistencia diferente a la del resto del terreno, provocada ésta sea por un hueco o por un opbjeto (así es como en la primera mitad del s. XX se encontraron los mastodontes y el hombre de Tepexpan). Se ha tratado de mejorar la técnica sustituyendo la corriente de inducción por ondas producidas mediante detonaciones o percusión; los aparatos para ello son conocidos por los geólogos. [Al final del año de 1998 se supo de un radar que explora el subsuelo hasta algunos metros de profundidad.] Para las estrechas finanzas de nuestros institutos, el método de Tepexpan es el más convenientes, si hay más recursos económicos, se recomienda un GEOHM (vid. §16,1,2).

Los laboratorios ofrecen al arqueógrafo sus servicios para estudiar radioactividades residuales y determinar espectográficamente características mineralógicas de los barros empleados o el tipo de polen contenido en muestras de suelo; también existe el estudio microscópico del polen fósil, lo que permite conocer el tipo de flora y con ello el tipo de clima que hubo en ese sitio en un determinado período.

Las épocas de lluvias o de deshielos alternan en casi todas las regiones del mundo, dejando su huella en dos capas anuales de sedimentos de distinto grosor ("varvas"). Estos sedimentos son estudiados con tanta precisión por los geólogos, que pueden informar al arqueógrafo y al arqueólogo si un determinado año ha sido lluvioso o no.

La distinta lluviosidad queda reflejada también en el grosor de los anillos de crecimiento de los árboles. Comparando una secuencia de años de claras características diferenciales, registradas en varvas, con una secuencia de idénticas características registradas en anillo de crecimiento, se puede concluír que el árbol en cuestión crecía precisamente en la época en que se formaron aquellas varvas. Estos permite fechar los troncos de árbol empleados en la construcción de edificios arqueológicos, evidentemente sólo en un clima seco donde tales maderos se han podido conservar.

§15,6,1 Hay cinco métodos especialmente conocidos de fechamiento[11] realizados en laboratorios.

Fechamiento de obsidiana: esta piedra vítrea de origen volcánico tiene un contenido de agua que se pierde a una velocidad constante. La medición del agua contenida dentro de la obsidiana permite establecer la fecha en que fue tallada. Método Kálium-Argón: en las piedras eruptivas hay un isótopo de Kálium, el K^{40}, que emite rayos y se transforma en isótopo cuarenta de Calcio, el Ca^{40}, el que a su vez, por influjo de electrones gaseosos, se vuelve Argón cuarenta, o sea, en Ar^{40}. De este proceso se mide el producto gaseoso de desintegración, a fin de establecer edades. El K^{40} ocurre también en otros tipos de piedras. El método se presta para fechar objetos de gran antigüedad. El isótopo de torio 230, el Th^{230}, es otro recurso para la medición de objetos muy antiguos. El ya mencionado análisis del polen: estudia y clasifica los restos de

---

[11] Esta es la traducción castiza del ingl. datation [aunque no esté en nuestros softwares].

polen contenidos en algunas clases de suelo, esto permite establecer qué vegetación esos suelen mantuvieron. La sucesión de tipos de vegetación es indicio de sucesivos cambios de clima. El método del carbono 14: fue mirado al principio con natural desconfianza, luego aceptado con gran entusiasmo, y actualmente vuelto a ser visto con cautela. Se basa en el hecho de que todo ser vivo inhala y fija en su cuerpo el isótopo 14 de carbono y que una vez muerto el organismo cesa este proceso y comienza lo contrario, es decir, su pérdida. El C^{14} pierde el 50% de su existencia en el lapso de 5730 años. La mitad restante se descompone nuevamente a una velocidad del 50%, y así sucesivamente. Hay un margen de error de cálculo que es a veces considerable, por lo que la información el método proporciona al arquéografo resulta a menudo tan poco precisa a la ciencia arqueológica que se prefiere prescindir de sus cifras. Por esto existen muchas expectativas de lo que podrá ofrecer el método de la termoluminiscencia: medición de tepalcates[12] para establecer su edad mediante la radiación que emiten al ser quemados. Podrá llegar a ser el más importante método de fechamiento, puesto que en la mayoría de las culturas hay alfarería, siendo una preocupación especial de la arqueología saber en qué fecha esta "industria" ha empezado en cada caso. Para localizar objetos enterrados, o también oquedades, se hace inspección previa (ingl. prospection) de la conductividad y resistencia del terreno.

§15,6,2 El método más sencillo y económico de los modernos es el empleo del aparato GEOHM, de la casa Gossen de Erlangen; otros sumamente costosos se comentan periódicamente en la revista inglesa *Archæology* de Oxford.

El arquéografo ni tiene que saber manejare el espectroanalizador, el contador Geiger, el oscilógrafo, el radar, el sonar, el microscopio, el GEOHM, etc. Para esas tareas pide la ayuda de otros científicos. Pero debe saber manejar la cámara fotográfica,[13] el nivel de agua, el teodolito.

[Cuando se redactaron las presente líneas, en 1968, escribía yo todavía "en la actualidad todos los datos cuantiosos se clasifican en las máquina de la sección de matemática de cada universidad, de ahí que cada arquéografo y arqueólogo debe haber tomado cursos de manejo de esos aparatos y de su sistema. Ya en el momento en que se imprima esta curso, los microprocesadores electrónicos, con sus bases de datos y otros programas hacen innecesario pedir la colaboración de los matemáticos, pero a los estudiantes les viene una nueva exigencia: aprender a manejar –bien– los ordenadores domésticos o PCs.]

---

[12]   Cerámica desechada (a menudo quebrada) que se extrae del duelo.

[13]   ¡Que es un *aparato*, pero no una "máquina"! (Aunque así lo llamen en italiano.)

Etnografía y etnología

§16,1, 0 La etnografía es la disciplina que se ocupa de recabar material etnográfico y de ordenarlo. Materiales etnográficos son a] objetos, b] informaciones. Ambos recogidos directamente en culturas vivas de tipo no urbano. La etnología se encarga de la elaboración de esos materiales.

En un principio se entendía por "etnográfico" todo lo relativo a culturas extra europeas que no fueran altas culturas. Los materiales culturales de los pueblos europeos eran considerados campo de acción exclusiva de la laografía en alemán Volkskunde, en inglés folk-lore) y los materiales de las altas culturas eran objeto de estudio de disciplinas especiales (sonoística, islamística, etc.) En lo administrativo, las carreras académicas para estas ocupaciones siguen siendo disciplinas separadas, pero la expansión de los intereses etnológico (=antropológicos) ha causado, por así decirlo, una invasión en los campos de acción de otras disciplinas. Lo que en la práctica significa que si una persona graduada en etnología tiene ocasión de hacer anotaciones en campos que no son de su especialidad, no hay inconvenientes en que lo haga.

§16,1,1 La combinación de materias académicas en muchos países (quatre certificats, mayor field and minor fields, Hauptfach und Nebenfächer) hace posible que por una parte se mantengan las cátedras y carreras diferentes, y por otra que se fusionen en una misma persona, por el hecho de estar el estudiante cursando varias carreras al mismo tiempo; lo que explica su cierta universalidad -opuesta al encapsulamiento que causa el estudio minimalista o "monocarril".

§16,2 Las técnicas etnográficas que se aplican al investigar una aldea en Asia, en Europa o en América, son esencialmente las mismas. Lo que varía son los trasfondos histórico-culturales de las aldeas (cf. §15,2). Para estudiar una cultura "folk" (vid. §18,1) en Europa es necesario tener nociones de dialectología (según el caso: románica, germana, eslava, etc.); para realizar el estudio de una cultura "folk" en Iberoamérica es menester conocer la filología románica, particularmente el lenguaje del s.XVI, y la o las lenguas del substrato y los adstratos indígenas. De estas distintas necesidades de conocimientos auxiliares deriva la imperiosa necesidad de que las universidades tengan las diversas carreras paralelas; de esas el estudiante escogerá las que le convengan.

Las carreras paralelamente estudiadas, ¡libremente escogidas por el alumno!, garantizan la supervivencia de las especialidades, al mismo tiempo que garantizan las superación de las limitaciones que impone el estudio "monocarril".

§16,3,0 En el s.XIX las ciencias del hombre, incluída la sociología, estaban muy preocupadas por los orígenes del hombre y de la sociedad (cf. §7,10). Se puede decir que en la actualidad interesa a muy pocas personas saber de dónde el hombre procede y merced a qué se constituyeron las sociedades; lo que interesa es el hombre mismo, independientemente de su origen, y se estudia a la sociedad, sepamos o no gracias a qué artes naturales o sobrenaturales se ha formado.

§16,3,1 Al entrar un investigador en contacto con una sociedad, y con ello con la cultura de esa sociedad, lo primero que se hace es estudiar su estructura y su funcionamiento. Al redactar posteriormente un libro, se suele ofrecer un capítulo acerca de los orígenes de esa sociedad (cf. §11,1, punto 1), en el caso de tenerse para ello la información necesaria. Como en cada cultura hay frecuentemente utensilios e instituciones procedentes de diversos lugares, es interesante hacer notar de dónde han sido tomado en préstamo. Al dedicar nuestra atención a esos aspectos, la antropología o etnología (que lo mismo es) actual es a la vez estructuralista, funcionalista y difusionista.

§16,4,0 De los tiempo de la búsqueda de orígenes viene a los antropólogos el prurito de trabajar con grupos "originales": si damos a un etnólogo a escoger entre una comunidad galesa de Patagonia y una comunidad ona de Tierra del Fuego lo más probable es que escoja esta última. Conforme se extingan tales grupos, los antropólogos tendrán que ir buscando objetos de estudio que no estén moribundos, sino emergentes.

§16,4,1 Podemos decir que hay una antropología del hombre muerto, una antropología del moribundo y una antropología del hombre vivo. La paleoantropología, la arqueografía con la arqueología, la lingüística histórica, la etnohistoria, son disciplinas antropológicas que se ocupan del hombre muerto. La etnografía y la glotografía realizada en grupos con una cultura condenada a desaparecer, se ocupan del hombre (=de comunidades de hombres) en agonía. La antropología física, la lingüística aplicada y la etnología aplicada, son disciplinas antropológicas que se ocupan del hombre vivo; más que mirar el presente, miran el futuro.

Aunque es personalmente satisfactorio tener conocimientos históricos profundos, es notorio que las recientes generaciones de estudiantes de todo el mundo estiman que la mayor satisfacción que puede existir para un científico es saber que su ciencia puede ser de utilidad.[1]

---

[1]   Como ejemplo, los jóvenes nos mencionan el estudio de la medicina o el de la astronomía: es muy bonito conocer los secretos del organismo humano, pero más satisfactorio es prevenir y curar enfermedades; es lindo conocer los secretos siderales, pero más satisfactorio es poner esos conocimientos al servicio de la humanidad.

Esto explica la enorme popularidad de que goza la *applied anthropology*, frecuentemente confundida con la *social anthropology* (consúltese el tema en la bibliografía, al final de este libro). Pero querer fabricar una carrera, o de plano disciplina, dedicada sólo a la aplicación, sin los antecedentes, es como querer fabricar un currículo de "medicina aplicada", sin incluír las materias que desde siglos pertenecen al estudio de la medicina.[2]

§16,5 La tarea que se habían asignado algunas ciencias en el s. XIX ha sido cumplida en la medida de nuestras posibilidades. Hay voces muy serias que han dicho y dicen que, por misión cumplida y carencia de cuestiones insolutas, esas disciplinas tiene que dejar de existir.

Tal sería el caso de la romanística y de lo que se ha venido llamando filología indoeuropea comparada o indogermanística (cf. §7,3). Esta última se había propuesto demostrar a los incrédulos que ciertas lenguas habladas en la India e Islandia, de configuración actual muy diferente, están estrechamente emparentadas por descender de una protolengua "idg" (indogermánico) o "IE" (indoeuropeo).

Algo semejante podría decirse de las tareas que se había propuesto la investigación antropológica de aquel siglo.

Si bien no se ha resuelto todo lo que preocupaba a las generaciones que nos antecedieron en el estudio, cabe decir que mucho se ha abandonado por carecer ya de interés (cf. §16,3). ¡Tempora mutantur: también en las ciencias hay modas –y *démodés*!

La moda que prevalece en la segunda mitad del s. XX, es el estudio parcial de aspectos sociales (lo que no es muy criticable) y el lamentable uso de slogans.*

§16,6 Fuera de moda están las querellas entre pendencieros que pretenden que lo único correcto es ser "funcionalista", y pendencieros que pretenden que la gente de bien debe ser "difusionista" (cf. §16,3). E igualmente fuera de época estará quien quisiera sembrar antagonismos entre "antropología cultural" y "antropología social". Sin desconocer que hay diferencias, no vale la pena elevarlas a rencillas de muerte.

---

[2] [Por esta vía parece ir la carrera que se inventó una institución comercial en Cali.]

* [Hacia fines del siglo el empleo esloganero de neologismos, posiblemente todos importados, se ha vuelto repugnante: basta echar un vistazo a los escritos de los sabios de Ministerio de Educación Nacional, de Bogotá (que ni siquiera se dieron cuenta de que se trata de un Ministerio Nacional de Educación o mejor de Instrucción Pública, como había sido su nombre antes de que lo adecuaran a modas o imposiciones extranjeras), con reemplazos de «*insumos de la educación*» por los 'niños' o los 'educandos', y sus «*conceptualizacionamientos*».]

Antropología cultural y antropología social

§17,0 Sociedad y cultura son inseparables. Quien describe pueblos, describe un grupo social y la cultura de ese grupo. No se podría hacer una etnografía que atendiera sólo parte de esta unidad, sobre todo cuando se ha pretendido hace un estudio total (§9,0) de las obras del hombre.

Pero nuestra capacidad de investigación tiene límites. No podemos estudiar con la misma acuidad todos los aspectos de la unidad sociedad–cultura. De ahí que sea legítimo que algunas personas se constituyan en especialistas de uno o de varios de dichos aspectos (§25,1).

§17,1 Si quisiéramos agrupar por áreas de especialización los temas presentados en el primer inventario, en §11,1, podría resultar lo siguiente:

punto	tema	incisos
1	lengua	0
7	religión	0
5	cultura material	4
2,6	cultura espiritual	8
2; 4; 8	sociología	13

Si quitáramos el punto 8 (contactos, difusión, conflictos) de nuestro estudio, quedarían todavía diez incisos de contenido sociológico, con lo que se manifiesta la importancia que esos aspectos tienen en la vida de un pueblo y de ahí en la observación a que ése es sometido por el investigador. En inglés este aspecto de la observación ha recibido el nombre de social anthropology (§7,9).

Si aceptáramos de momento la existencia de únicamente estos cinco temas de investigación cuando se estudia una comunidad, pueblo o cultura, y viéramos la manera de colocarlos en el esquema presentado en §12,4, nos resultaría lo siguiente:

El punto 1 es estudiado por la glotología (tercio izquierdo del esquema de §12,4). A la religión, cultura material y espiritual, les

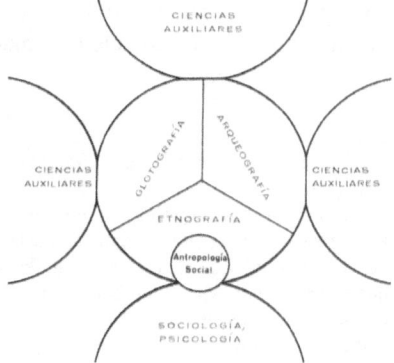

corresponería el tercio derecho. Quedan tres puntos (2, 4, 8) de temas sociológicos, que no están previstos en el esquema en marras. Por lo que necesitamos una representación distinta, en que puedan tener cabida, pues sin lo sociológico los estudios nuestros quedarían incompletos. Los que acomodaremos en el tercio inferior del siguiente esquema esquema, en el cual señalamos de paso la existencia de ciencias axuliares:

Este planteamiento ofrece una presentación gráfica de las afirmaciones hechas por destacados antropólogos sociales anglosajones, especialistas y corifeos en la materia, en el sentido de que la antropología social es una parte constitutiva de la antropología cultural.

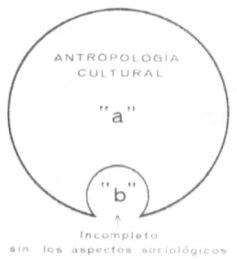

§17,2 Obsérvese que el estudio cabal de la antropología cultural abarca los temas sociológicos. Mas, la antropología social no incluye en sus intereses los temas estudiados por la antropología cultural (b $\subset$ a). Esto ya se ha tratado en forma extensa en §7,9.

En el esquema siguiente se ve como a y b son magnitudes diferentes, de las cuales a implica a b (a $\supset$ b). Parece sorprendente que hayan existido personas con psicodinamia rencillosa que de esta situación de equilibrio de relaciones, quisieron derivar antagonismos y entablar luchas para satisfacer su afán de lidiar, aunque fuera con aspas de molino.

Antropología y laografía (folclor)

§18,0 El autor de estas líneas hizo en una ocasión una prueba (ingl. test) que consistió en leer a un etnólogo una definición y pedirle el nombre del objeto definido. La respuesta obtenida fue; *antropología*. Pero la definición, tomada del primer número de *Cuadernos*, Buenos Aires, 1960, del İnstituto Nacional de Antropología, no pretendía referirse a la antropología, sino definir el *Folclor* (escrito con mayúscula inicial).

Según este experimento, realizado en Cd. de México en 1962, ambos objetos serían lo mismo. Hay un viejo refrán que reza «Las apariencias engañan»; podríamos crear otro: «Las definiciones engañan» o al menos constatar que es frecuente que las definiciones no concuerdan exactamente con el objeto real. En nuestro caso, el divorcio está entre la definición de lo que pretende estudiar el Folclor y lo que de hecho nos presenta la mayoría de los folcloristas.

§18,1,0 En la ya mencionada revista[3] se intenta hacer una distinción entre una disciplina, escrita con F, y el objeto por ella estudiado, que se escribiría con f:

el Folclor estudia el folclor

§18,1,1 El folclor es la parte de la cultura popular que se manifiesta al observador sencillo, y que en gran parte es consciente en la mente de sus portadores. A estos se les llama en inglés folk (alemán y holandés Volk) y su cultura es una folk culture, designación que se ha castellanizado a medias como "cultura folk".

¿Qué *folk* estudia el Folk-Lore? ¿Es lo mismo folk que ἔθνος?

No es lo mismo. El laógrafo o folclorista, o como algunos argentinos se complacen en escribir: el folclorólogo, encuentra el objeto de su observación dentro de los límites de sus propia nación (cf. §16,1). El etnógrafo suele encontrar el objeto de su estudio fuera de su nación (aunque tal vez en el mismo país). Esta es la diferencia oficial entre folk y ἔθνος y de sus respectivas investigaciones.

§18,2 De hecho, la diferencia es mucho mayor. Los que se autodenominan folcloristas nos ofrecen generalmente dos tipos de libros. Uno en que presentan, limpiamente colocados por orden alfabético, vocabularios, adivinanzas, refranes (paremiología), costumbres notables, fechas de fiestas. O sea, catálogos. El otro tipo frecuente es él de evocaciones de aspectos de la vida en provincia. En ambos tipos de libros, hay un defecto común: no nos presentan una cultura estructurada.

En cierta manera, los folcloristas son el caso contrario pero paralelo de los antropólogos sociales: los dos se han propuesto atender sólo ciertos aspectos de la cultura.

Esto en sí no es criticable; ya hemos dicho que es legítimo que haya especialistas. No vamos a recriminar la ausencia del momento social, cuyo tratamiento puede ser cedido al social anthropologist, ni la ausencia de aspectos psicológicos, siendo que el folclorista se ha propuesto por tarea describir únicamente la cultura visible, que se manifiesta a la vista de todo observador. Pero no pueden satisfacernos

---

[3] Cuyo primer número recomendamos sea adquirida por el lector interesado en cuestiones de teoría de la laografía. [Aunque unos años después esas teorías, todas, hayan sido destruidas por críticos implacables.].Obsérvese que la propuesta ingeniosa de distinguir entre estos conceptos mediante un cambio ortográfico (folclor ≠ Folclor) no va de acuerdo con los tradición de las lenguas de España ni puede ser un recurso normal en un idioma hablado: tendríamos que hablar con un pedazo de gis en la mano y dibujar cada vez la letra en que estamos pensando. Trabajos de teoría se pueden leer igualmente en *Archivos Venezolanos de Folklore*, Caracas, año I, 1952, p. 93-103, y en *Folklore Americano*, tomo 8-9, Lima, 1960-61, p. 71-74.

libros que sólo son comprensibles para quien conozca perfectamente el folk que se pretende describirnos.

Julio Caro B. ha dicho que la antropología es la ciencia de las relaciones. Por esta razón el etnólogo sólo puede aceptar libros que ofrezcan una visión coordinada, funcional, estructurada, de la vida total o parcial del folk. Cuando el propósito es tratar un solo aspecto, la exigencia metodológica es satisfecha en los trabajos de la escuela filológica (!) de Wǫrte und Sąchen (palabras y cosas) que describe, por ejemplo una masía o mas, o los tipos de bordas. Estudios laográficos interesantes se publican en las revistas internacionales *Fabula* (Göttingen), *Ethnographīa Slavĭca* (Bratislava) y *Acta Etnographĭca* (Budapest; cf. §7,6). Observando que todas ellas tienen sus nombres en latín, uno se pregunta fácilmente si ello no estará en relación "dialéctica" con su buen contenido.

§18,3 Cuando el folclorista o laógrafo procede a la descripción de un pueblo, omite algunos de los puntos que hemos presentado en nuestro inventario en §11,1, para atender, en cambio, los siguientes: 2, 5, 6 y además el ciclo anual de fiestas y actividades. Todo libro de laografía debe contener un mapa, ilustraciones (fotos y dibujos técnicos), así como un capítulo de dialectología y un glosario.

Capítulo III

La antropología cultural
y la universidad

§19,1,1 Las universidades, por lo menos las informadas,* han solido encargar a los antropólogos la realización de las siguientes tareas:

➤ actualización de los métodos de enseñanza de ciertas carreras.
➤ la redacción de libros de texto para facultades y colegios,
➤ la reestructuración de la facultad de filosofía y letras (o "Humąnities")

§19,1,2 El antropólogo no procede en estas tareas en forma completamente individual sino, al contrario, pide sugerencias e informaciones a otras personas. Estas personas no son escogidas por el antropólogo en forma jerárquica; puede suceder que en cinco meses no converse ni una sola vez con el hombre consagrado del estąblishment o sabio oficial de la provincia o del régimen, y que más bien haya escuchado las opiniones más disidentes.

Hay que conceder al antropólogo esta potestad. En cambio, para garantizar la pronto realización de lo encomendado, y evitar que el encargo se vuelva canonjía vitalicia, la institución debe ponerle un plazo de seis meses para presentar su informe definitivo.

Para la redacción de algunos libros de texto puede concederse una prórroga de otros seis meses.

Antes de juzgar la eficacia de las soluciones que el antropólogo ha encontrado para la universidad, deben llevarse éstas a la práctica el tiempo suficiente para que puedan arrojar resultados; podría ser un período de ocho meses.

---

* Cuando no lo han hecho, no ha sido simplemente por mala información, sino por que los antropólogos que se conocían en la localidad eran "monocarriles".

Siendo el antropólogo de corte no histórico [y de formación no monocarril] un observador especialista en supervisión, coordinación y proposición, no aceptará que la marcha del trabajo se vea retardada por juntas, comités, concejos, reuniones, supervisores –todo lo cual es a menudo la causa del mal que se le encomienda remediar. Para las tres tarea de §19,1,1 acordará directamente con el rector de la universidad o, mejor, con el gobernador de la provincia, según el tipo de organización que exista en ella.

Ya se ha dicho que recabará opiniones y sugerencias donde él lo estime de utilidad. Lo normal en esta tarea es empezar lejos de la cabezas jerárquicas.

§19,2 El antropólogo es solicitado, además, para dar clases en su subespecialidad, sea dentro del plan de otras carreras (filología, sociología, historia y prehistoria, pedagogía, enfermería, etc.), sea en institutos de folclor, arqueología, etnología, lingüística, pero hemos observado que también es solicitado en otras facultades, como medicina y arquitectura.

En las universidades sin barreras interdisciplinarias, es decir, en las menos burocratizantes, hay estrechos vínculos entre químicos, biólogos, críticos de arte,[1] prehistoriadores, paleobiólogos, etc., quienes realizan conjuntamente seminarios a los que asisten los alumnos de todas esas carreras (cf. §16,2).

§19,3 Las instituciones estatales o las universidades suelen emplear a antropólogos para realizar investigaciones; los bancos los contratan para sus museos.

Las investigaciones más caras son las arqueográficas. Las más académicas son las glotográficas. La más críticas las etnográficas.[2]

La antropología
y las "ong" o asociaciones particulares

§20,0 En muchas capitales de provincia existen asociaciones de Amigos del País, Amigos del Museo, Sociedad de Geografía y Etnología y, ocasionalmente, de Amigos del Nativo o de Ayuda

---

[1] Así, por ejemplo, la química permite fechar con admirable exactitud objetos no mayores de 600 años, como son las falsificaciones antiguas hechas durante el Renacimiento, o pinturas rupestres con aspecto paleolítico pero que son de confección reciente.

[2] «De hecho, el que los hombres se preocupen por esa cosas es, en sí, una crítica del orden existente, un indicio de que se duda de su perfección» dice entre otras cosas Ralph Linton en la página final de su *Estudio del Hombre*.

al Índio, fundadas por ciudadanos generosos que se han propuesto fomentar los estudios de la cultura popular de la región, aportar medios económicos al museo, realizar obra humanitaria en favor de los aborígenes.

Obviamente, no serán los mecenas las personas encargas de realizar las obras en el museo, de dictar conferencias ni de llevar a cabo investigaciones.

Los estudios de la provincia serán realizadas por cronistas y folcloristas, sean ellos autodidactas o académicos. Los museos serán dirigidos por científicos. La obra humanitaria será dirigida por etnólogos con preparación sociológica, que en algunas partes reciben el nombre de antropólogos sociales,* las exposiciones serán arregladas por museógrafos o artistas.

§20,1 Las funciones, derechos y compromisos del patronato por un lado y de los artistas o científicos por el otro, son de satisfacción para ambas partes.

La ayuda que aportan las sociedades, es retribuída en forma sencilla: sus miembros reciben boletines y anales de la institución, abonos permanentes para las funciones que se organicen, y sus nombres estarán incluídos en la nómina de auspiciadores

El único esfuerzo que tiene que hacer la dirección del museo o del instituto, es programar varios eventos al año, de acuerdo con su peculiar campo de acción.

Los Amigos de la Sinfónica querrán naturalmente una temporada de conciertos; a los Amigos del País satisfará que ese año las fiestas locales sean especialmente lucidas; los Amigos del Museo desearán escuchar conferencias[3] ilustradas con diapositivas, y asistir a proyecciones de películas cortas. Con menos aún se conforman los miembros de sociedades misioneras y filantrópicas.

§20,2 ¿En qué instituciones particulares puede colaborar el antropólogo cultural? En general, puede decirse que el antropólogo cultural está capacitado para brindar sus servicios o consejos a toda sociedad u ONG que se ocupe de la cultura del hombre muerto y de la cultura y necesidades del hombre vivo.

---

* No todos los lectores leen página por página de cada libro: los hay quienes consultan sólo una parte específica de una obra. Por ello las presentes contienen ocasionales repeticiones -esto es el caso aquí en lo referente a la *antropología social*.

[3] [En el país del mejor español del mundo, está esparciéndose para acontecimientos de intención cultural, la palabra "conversatorio", inventada por un escritor originario de Tuluá. ¡Qué pena!]

Los grupos humanos portadores de tales culturas, pueden ser de tipo exótico o de tipo folk y urbano. Ejemplos de sociedades particulares y de puestos ejecutivos en ellas podrían ser: asesorar a una asociación de hoteleros, coordinar una campaña dietética o se salubridad pública; dirigir un museo regional; encargarse de la sección de etnografía, folclor o arqueografía de un museo, o de todas ellas; realizar estudios lingüísticos, laográficos, etnográficos o arqueográficos para una asociación o municipio; realizar exposiciones para bancos u otro tipo de instituciones; realizar estudios acerca de las necesidades de la población suburbana, semirrural o rural; asesorar y preparar a misioneros religiosos y culturales; dirigir la acción indigenista de una asociación benéfica; intervenir en la selección de candidatos para ciertas organizaciones que envían misioneros culturales al campo; ejecutar estudios previos a la realización de campañas de ayuda al nativo; intervenir en las ayudas a damnificados (¡a ver si así habrá menos robos de los donativos internacionales!).

§20,3 Las líneas anteriores pueden causar la impresión de que los tales antropólogos son todos ellos superhéroes que todo lo pueden. Desde luego, esto no es así, y las instituciones privadas y públicas pueden llevarse grandes chascos. Antes de contratar los servicios de un antropólogos, será preciso mirar bien sus credenciales, esto es, su currículum studiorum con inclusión de sus trabajos escritos.

La antropología y el Estado

§21,0 La persona recién egresada de una escuela de antropología, Völkerkunde vel similia se enfrenta posiblemente en todos los países del mundo con el problema de encontrar colocación.*

Es generalizado el error, inclusive entre hombres de cierta cultura, de creer que "antropólogo" es la persona encargada de clasificar lanzas, taparrabos, puntitas de flechas, y sacudirles el polvo a ollas inservibles.

De este error se deriva la presunción de que tal "antropólogo" sólo puede ser empleado para hacer excavaciones y a ocupar un puesto en el museo.

En nombre de los futuros egresados, ¡hagamos notar enérgicamente que el campo de su acción potencial es mucho mayor!

§21,1 De las tres ramas de la antropología cultural (no de la antropología física) vistos en §12,1, sólo la arqueografía-arqueología

---

* Y aunque suena a "elitista", puede ser bueno desaconsejar el estudio de la antropología a personas muy necesitadas de un puesto.

corresponde en cierta medida a la imagen que todavía tienen algunas personas del antropólogo académicamente preparado.

Si en el conjunto de disciplinas antropológicas incluimos a la antropología física, a la etnohistoria, a la antropología social y a otras subdisciplinas, como el folclor, la lingüística, la glotografía, la lingüística aplicada (métodos de enseñanza para universidades, practice-rooms, métodos para escuelas secundarias, cartillas de alfabetización), la proporción de las ramas que no se ocupan del hombre contemporáneo disminuye considerablemente: a 3/11.

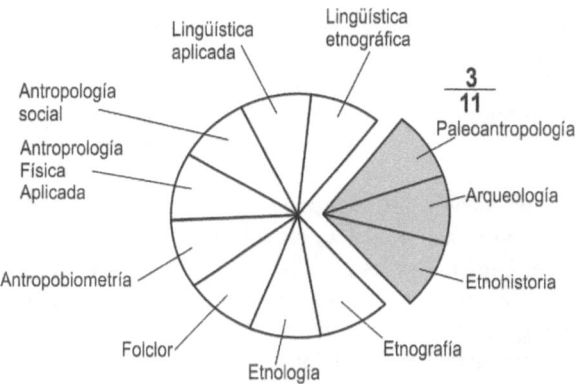

En realidad, la capacidad del egresado de una escuela no monocarril de antropología o de Völkerkunde, que haya sabido combinar las tradición académica del s.XIX sin tenerle miedo al ingrediente sociológico más reciente, no se limita a la descripción de objetos etnográficos y arqueográficos en museos, ni a hacer viajes en busca de más piezas de exhibición. Es más, esos aspectos del trabajo son considerados por muchos de ellos por debajo de su personal nivel de aspiración profesional, abandonando por esto este campo a los museógrafos los que, por cierto, suelen ser más efectivos para ello.

§21,2,1 La antropología nació como una ciencia histórica, y como tal ve desfilar estados sucesivos de cultura.

Es la ciencia que relaciona unos con otros los hechos culturales y que observa sus cambios constantes. Según el idioma, podemos referirnos a este proceso como Kulturwandel o como social change. No se nos escapa que hay cierta diferencia entre estas dos designaciones, mas nuestra actitud constructiva no debe manifestarse en la búsqueda de puntos de disidencia, sino en señalar confluencias y concordancias.

§21,2,2 El conocimiento diacrónico de los sucesivos estados de cultura con sus elementos constituyendo estructuras, va aparejado con el conocimiento sincrónico[1] de cada uno de ellos.

Ocupándose como se ocupa el antropólogo preferentemente de sociedades rurales, está especialmente dotado para reconocer los cambios que en ellas operan o, también, para determinar los factores que inhiben este proceso.

De ahí que los organismos internacionales de ayuda al desarrollo de países que hace poco se llamaban subdesarrollados y que ahora reciben eufemismos a veces cacofónicos, como "tercermundistas", y también los ministerios nacionales de agricultura, salubridad, de migración, de colonización [y de reacomodo de guerrilleros retirados] han tenido buenos resultados al contratar el servicio de antropólogos culturales. Pero nuevamente tenemos que advertir a la parte patronal que debe tener cuidado en la selección de su personal.

§21,3,3 El etnólogo o antropólogo, como conocedor de culturas diversas, es el profesionista solicitado para asesorar instituciones internacionales y nacionales en cuyos programas de acción operan contactos interétnicos o interculturales, tales: las escuelas de diplomacia, los ministerios del exterior, las comisiones de migración y colonización, las secretarías de turismo.

§21,3 Los egresado de escuelas de antropología o etnología han encontrado, o encontrarán, cabida en instituciones que ostentan los siguientes o parecidos nombres:

UNESCO, UNICEF, OEÁ, GAWI, D.A.A.D
Albergues Juveniles
Asociación nacional de hoteleros
Asuntos Índigenas
Auswanderungskommitee
Auswärtigesamt
BBC, Radio Nederland, Radio Moskva, etc
Campaña nacional de alfabetización
Censos
Centro de estudios y experimentación de la
Comisão de Proteção aos Índios
Comisión de bibliotecas
Comisión de fomento agrícola
Comisión de lenguas minoritarias
Comisión de los juegos Olímpicos
Comisión interamericana de historia
Comisión nacional de conservación
Comisión nacional de defensa del idioma
Comisión nacional de historia
Comisión nacional de la vivienda.
Comisión nacional de reforma de estudios
Comisión nacional de turismo

---

[1]   Esto es, de un período determinado.

Comisión nacional del folclor
Comisión toponomástica
CORFU. CORMU. INCORA.
  INDEREMA
CORVI. CORHABIT
CREFAL
Cursos de orientación profesional
de los recursos naturales. CVC
Entwicklungsdienst
Escuela para Cadetes
Escuela para Diplomáticos
Escuela para Guías de turismo
Escuela para maestros. Escuela
  Normal
Escuela para Policía
Escuela para trabajadores sociales
Förderungsgesellschaft
Fomento de Pesca costera
Friedrich Ebert Stiftung
Inst. für den Wissenschaftlichen
  Film
Instituto de bienestar rural
Instituto del Film
Instituto Indigenista Internacional
International Youth Hostel
  Organization
Internationes
Jeux de Son et de Lumière
Language practice-room
  programms
Les Guides Bleux. Bædecker
  Verlag

Ministerio de Agricultura
Ministerio de Comunicaciones
  terrestres
Ministerio de Educación
Ministerio de Propaganda y
  Fomento
Ministerio de Salubridad Pública*
Ministerio de Sanidad y Consumo
Ministerio del Exterior
Ministerio del Interior.
  Gobernación
Museo
National Geographic Society
Protección de los monumentos
  nacionales
Radio Estatal o Nacional
Radio Universidad
Reforma de la educación
Reisebureau. Verkehrsamt
Relațiile cu strănetatea
Secretaría de Turismo
Sociedad de Geografía Americana
Sría. Particular de la Presidencia
Studentenaustausch
Televisión
The Voice of the United States
Übserseegesellschaft
Unión Panamericana
Vialidad Nacional. SCOOP, OOPP
Wirtschaftliche Zusammenarbeit

§21,4 Es obligación moral de los profesores y de las instituciones de antropología preparar el mercado de trabajo con la suficiente antelación (por ejemplo enviando una lista de candidatos a cada una de las instituciones, junto con un texto apropiado) con el fin de que los egresados encuentren un ambiente propicio para recibirlos.[1]

---

[1] Por haber desatendido este aspecto, se desató en diciembre de 1968 una crisis en la Facultad de Filosofía, en Jalapa (Veracruz), donde se pidió la supresión de las carreras

En los países en que funcionan servicios de bolsa de trabajo (Arbeitsamt), estas oficinas deben incluír en los boletines que distribuyen a las fábricas y ministerios, noticias referentes al tema que acabamos de tratar.

de antropología social y de arqueología por «carecer de utilidad» y por no poder ser «absorbidos los egresados [de la Facultad] en el Instituto [local] de Antropología». Una amenaza análoga gravitaba constantemente en los años '70] sobre las carreras de antropología en Colombia, y tal vez en otros países.

Capítulo IV

El estudio
de la antropología cultural

§22,0 En los §19, §20 y §21 se ha visto que los campos de acción del antropólogo cultural o etnólogo (con inclusión del antropólogo social) son múltiples. Ante esta multiplicidad cabe la pregunta justificada ¿dónde existen antropólogos capaces de ejercer tan compleja profesión?, ¿existen en nuestro país?, ¿dónde se les prepara?, ¿qué necesitan estudiar para graduarse?, ¿qué vocación deben de tener?

Estos antropólogos cabales existen en cualquier país del mundo cuya organización de estudios sea de combinación de carreras (es decir, no de estudio monocarrilmonocarril) y esté adecuada a nuestra época. Existirá en el país –cualquiera que éste sea– en la medida en que los planes de estudios prevean la aplicación de la ciencia y el aprovechamiento del adelanto de las técnicas, pero con la condición de no ser planes exclusivamente pragmáticos, alejados de la etnología clásica (lo que sin duda significa una mayor exigencia para los estudiantes).[1]

Según los países, se estudian nuestras disciplinas en "escuelas" o en "departamentos" que pertenecen a una facultad de filosofía. Pero tales antropólogos, arqueólogos, etimólogos, laógrafos, etc., no caen bajo la arriba empleada denominación de antropólogo cabal (ingl. all round) y no serán –con toda seguridad– capaces de realizar, y ni siquiera de entender, las tareas mencionadas en §19 a §21 si no hubo suficientes semestres y suficientes aspectos cursados. No basta la buena voluntad del estudiante; necesita que se le dé una buena oferta de cursos, y necesita adquirir madurez biológica: lamentablemente la licenciatura

---

[1]   [Claro que puede haber un "plan académico" a la medida de señoritas que escampan en espera de ser desposadas. Esto intentó un instituto comercial en 2006, en Cali.]

no es suficiente. [Esto es, que para ser antropólogo cabal, hace falta más de una licenciatura, y algún grado superior.]

Los antecedentes del adolescente que quiera cursar la [primera] licenciatura de antropología en cualquiera de sus ramas culturales, han sido tradicionalmente ➤ la afición por la lectura de viajes a países con costumbres exóticas, ➤ la inclinación por la historia antigua, ➤ una sólida base humanista en cuanto a su propio idioma se refiere, ➤ conocimientos suficientes del latín y del francés y, modernamente, del inglés. Si más de uno de esos 4 puntos no se cumplen, más vale estudiar otra cosa.

En las últimas décadas el tercer punto ha sido desamparado en algunos países al sur del Darién. Lo que ciertamente no contribuye al aprecio que se tenga de su Интелигенция en el extranjero –y a menudo ni siquiera dentro del país. En cambio de este descuido, se han agregado dos exigencias más:

➤ el conocimiento del agro,
➤ y es de preverse que en la décadas próximas [las que siguen a la de los años 70] se reclamará cada vez en mayor grado una buena disposición para el manejo de formulaciones de tipo matemático así como saber ver, junto con los aspectos diacrónicos (históricos) los momentos presentes (sociología) y saber representar de manera gráfica toda clase de procesos. [En la versión de 1968 se hacía alusión a los futuros programas, los cuales, al final del siglo, ya son una realidad para todo usuario de ordenadores.]

En las pruebas de admisión que son requisito en algunas escuelas de antropología [como en Cd. de México, en aquellos días] y que debieran ser requisito para todas las secciones de toda universidad (especialmente en las de psicología), es frecuente que se vea también si el candidato a inscribirse en la carrera tiene espíritu de grupo (cf. lo que dijimos en §22,7,1). Esto es una prueba psicológica interesante, pero a juicio de este autor, las instituciones no deben exagerar, pues podrían excluir a buenos investigadores de gabinete, que suelen ser algo solitarios.

§22,2 Revisando la lista de cursos que se dictan en las escuelas de antropología de diversos países de América española y de Europa, se puede confeccionar una nómina de materias comunes a la mayoría de ellas.

Esas materias no son todas estrictamente obligatorias: es que hay que dejar una buena libertad de movimiento a los jóvenes. Agregando a esa lista "universal" cursos de administración de empresas, de lógica simbólica, de matemática y de manejo de microprocesadores [ya obvio en el s. XXI], obtendremos:

Íntroducción a la antropología física y a la antropología física aplicada
Íntroducción a la lingüística*
Técnica de investigación de gabinete y de campo
Práctica de arqueografía en el campo**
Curso crítico de lengua nacional, y ortología
Lingüística para etnógrafos
Curso o práctica de laboratorio de psicología
Métodos de enseñanza audiovisual
Una práctica de psicología
Una práctica de campo de geografía humana, geografía agraria o de agronomía
Íntrod. a la disciplina de folclor (laografía)
Curso de biblioteconomía
Organización de empresas
Teoría de la información; comunicación
Curso I y II de lógica y simbólica
Cálculo superior, teoría de conjuntos
Salubridad rural, endemiología, nutriología
Panorama etnohistórico del país
Panorama etnográfico e instituciones indigenistas
Ergología y tecnología
Poblamiento de América y prehistoria del país
Neolítico y eneolítico de la Cuenca del Mediterráneo
Íntroducción a la etnología de Asia

Íntroducción a la etnología de Oceanía
Íntroducción a la etnología de Australia y regiones adyacentes
Íntroducción a la etnología de África
Íntroducción a la etnología de Norteamérica
Íntroducción a la etnología de Mesoamérica
Íntroducción a la etnología del Caribe y Suramérica
Arqueología de Mesoamérica
Arqueología de Suramérica
Etnobotánica
Fuentes escritas para la Historia de la Conquista
Lectura de textos castellanos del siglo XVI
Latín (método directo y cintas grabadas)
Los indios bajo el régimen colonial
Los negros y mulatos bajo el régimen colonial
Culturas "Folk" en América de habla románica
Los negros en América colonial e Índependencia
Paleografía (s.XVI a XVIII)
Historia de la historia, Filosofía de la historia
Filosofía de la antropología*
La Unesco y la antropología
La aplicación de la antropología en los últimos decenios
Sistemas de parentesco y estructuras (organización) social

Sociología rural
Técnicas de censos y demografía
Técnicas de investigación y
    metodología de la exposición
Lingüística de las lenguas
    americanas
Religiones preéticas
Lectura de obras acerca de
    religiones etnográficas
Lectura de obras de antropología
    sociológica
Seminario: Una región del país
Seminario de crítica científica:
    Como escribir reseñas
Seminario de estudio de
    xamanismo

Una lengua aborigen
Culturas "folk" o marginales de
    Europa
Culturas circumpolares
Culturas islámicas
Culturas de cazadores y
    recolectores
Culturas de cultivadores de
    tubérculos
Culturas de cultivadores de
    gramíneas
Culturas de pastores
El fundador de aldea, y monarquía
    sacra
Culturas megalíticas

Hay cursos prácticos obligatorios (viajes de visita a museos; trabajos en museos; trabajo de campo y excursiones al extranjero), cursos de fotografía, primeros auxilios, defensa personal, manejo de teclado de máquina de escribir o de microprocesador]; cartografía y otros, según el país. Entre los idiomas son de interés en América: inglés, francés, alemán, guaraní, quichua, mapuche, náhuatl, yucateco.

§22,3,4 Es poco probable que un alumno dure en la escuela de antropología tantos semestres como para que le alcance el tiempo para cursar cada una de las materias de esta lista,[1] pero es perfectamente posible que en ciertos sistemas universitarios todas estas materias –y otras más– estén incluídas en la lista de cursos optativos de la carrera de etnología.

Esto es posible, *y no aumenta los gastos de la institución,* por el hecho de que en muchos planteles se ofrece un número de materias mayor que el número de materias "créditos", "boletas" o "certificados" de los que se exigen para tener derecho al examen profesional. Esto permite un alto grado de flexibilidad en los estudios.[2]

---

[1]   Hay países en que los estudiantes se toman unos 7 años para graduarse. Generalmente cursan varias carreras al mismo tiempo (mayor & minor fields). Pueden juntar así más de 60 cursos o "créditos-curso".

[2]   En uno que otro país, en algunos planteles, no se ha establecido este sistema porque los profesores temen que así perderían el control sobre las mentes de los alumnos y que éstos pueden llegar a saber más –más que ellos.

De acuerdo con su personal inclinación, el alumno asistirá a los cursos que más se avienen a su temperamento o vocación. Una mayor oferta de materias es indicio de una mayor madurez de la institución –y de sus miembros.

Este sistema, que se considera el único realmente universitario, da lugar a que cada estudiante haga su propia selección, lo que produce un número impredecible de combinaciones que equivalen a especializaciones –aunque siempre cubriendo la gama vista en los §§ anteriores, y sin perjudicar las finanzas de la universidad.*

§22,3,5,1 La combinación –personal– del material aclara el misterio de la aparente omnisapiencia del antropólogo que en líneas anteriores se ha llamado cabal. Este término no es oficial, sino sólo empleado aquí. En cambio, ya se ha generalizado el concepto de que sólo la persona que tenga título en dos carreras antropológicas (§26,5,1: **Q** es igual a **a** unión **b** vel unión **c**) está capacitada para hacer frente a las exigencias profesionales

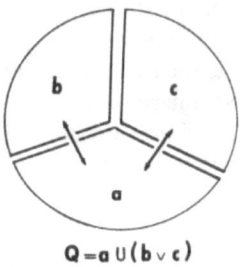

$$Q = a \cup (b \vee c)$$

de las complejas ocupaciones tratadas de §19 a §21. Puede tratarse de una licenciatura seguida de una maestría ¡pero de cuatro años! en otra especialidad antropológica.

§22,3,5,2 El ministerio o la universidad que desee emplear a un antropólogo, informará del tipo de tareas que se le piensa asignar a los candidatos al puesto. La práctica contraria, que hemos visto en algunos lugares, consistente en preguntar al aspirante qué es lo que desea hacer, no nos parece sensata.

§22,4,1 Permítasenos ahora proponer a la consideración de las universidades que tengan el propósito de crear la carrera de etnología[3] o de reformar un plan de estudios anticuado, los siguientes tres puntos:

➤   La aceptación de una amplia lista de optativas.

---

* [Insistí en la primera redacción de este curso, en que «En algunas sociedades se teme que, con la libre decisión de los estudiantes, los profesores queden en desventaja ante la mayor personalidad y saber de los educandos, por lo que prefieren programas rígidos y una burocracia limitadora». No me retracto de este lamento, aunque reconozco que con una mala selección de los bachilleres admitidos, y sin la "endoculturación" de los profesores de buena voluntad, el único "sistema realmente universitario" no puede funcionar demasiado bien en el nivel de la licenciatura. Por ello creo que ese nivel debe ser cursado en Escuelas de Licenciaturas y que la universidades deben trabajar sólo con las maestrías y los doctorados.]
[3]   Más por razón de estilo que de contenido, se emplean en este libro en forma indistinta "antropología", "etnología" y "antropología cultural".

➤   La división de la carrera en dos mitades.
➤   La aceptación de un número *corto* de obligatorias.

§22,4,2 Las materias académicas serán optativas tanto para el estudiante como para la universidad. Por "optativo para la universidad" se entenderá que, aunque estén en la lista, la institución no está obligada de ofrecerlas cada una todos los semestres; esto permite hacer economías. No se ve inconveniente para que sean los 60 y tantos cursos arriba transcritos los que cada institución acepte en su lista;* al contrario, si varias instituciones los adoptan disminuiría el inconveniente de la revalidación de los créditos obtenidos en otros planteles.

§22,4,3 En la mayoría de los países europeos no existen exámenes semestrales, sino sólo uno o varios exámenes al final de la carrera. En Iberoamérica no sería recomendable este sistema. Lo que no quita la posibilidad de mejorar, en alguna forma, los sistemas de pruebas actualmente en vigor.

Para la orientación de vocación profesional es recomendable incluír en la facultades (además de pruebas psicológicas de vocación) pruebas a media carrera.

Podríanse denominar "prueba de madurez": el estudiante comprueba su maturitas para proseguir ese estudio, o comprueba haber errado la senda y la conveniencia de cambiar de carrera.

En varios países no existe sino el compromiso de cumplir con un mínimo de requisitos, como en el caso de aquella universidad que ha establecido las siguientes y únicas obligaciones:

Haber cursado ocho semestre, de los cuales por lo menos 4 en ella. Haber cumplido con:

> Una práctica corta en un museo
> Una práctica prolongada en un museo
> Una excursión (con la institución) corta al extranjero
> Un trabajo prolongado en el campo
> Un curso de antropometría
> Un curso de fonemática

§22,4,4 En América románica parecen generales seis materias obligatorias para el alumno de nuevo ingreso (§22,4,3). Además, se sugiere la inclusión de un curso igualmente obligatorio, de contenido no específico, que se denominará N.N. (nomen nescio).

---

* La presente ha sido publicada en la revista *Universidad de Antioquia*, 180, Medellín. 1971, y en su número 183 fue ampliada con cursos específicos para cada carrera.

Conviene la inclusión de N.N. con el fin de permitir a la dirección de la escuela imponer en un momento dado (sin tener que modificar los planes de estudio) algún curso cuya necesidad no se había podido prever con anterioridad. Esta necesidad variará con el transcurso del tiempo y puede ser diferente en otra ciudad. Naturalmente, la "boleta" o "crédito" que ampara a N.N. sería revalidada con toda automaticidad por las demás escuelas de antropología del país, y quizá por las de otros países, sin miramiento de su contenido variable.

Resultarán, de esta suerte, para la primera fase de la carrera: siete materias o cursos obligatorios, un número equis de optativas, y un examen intermedio. Los cursos obligatorios son:

Un lengua indígena		Lógica simbólica o matemática
Prehistoria europea	N.N.	Documentación**
Un curso de fonemática		Un curso de antropogeografía

§22,4,5,1 Considerando el carácter peculiar del material de referencia con que opera la antropología, y en particular el hecho de que no se puede exigir al estudiante de reciente ingreso que conozca dicho material, se impone ordenar los cursos de adecuada forma didáctica.

El bachiller que va a una facultad para estudiar historia, biología u otra disciplina de creación menos reciente que la etnología, está dotado de un bagaje de cultura general que le permite ordenar en los parámetros que le son familiares los datos nuevos que recibe en la universidad. Todos convendrán con nosotros que el estudiante que ingresa en la facultad ya está provisto de conocimientos no sólo muy generales sino inclusive específicos de historia, matemática, literatura, geografía, anatomía, física. En verdad, en la facultad no se hace sino ahondar lo visto en el colegio.

Muy distinta es la situación del estudiante de antropología.

Tiene que aprender a dejar de lado gran parte de la escala de valores que tenía hasta ese momento, desde la ortografía[4] hasta sus juicios de moral.

** [Y manejos modernos de ellos, como "Base de datos".]

[4] Nos referimos a ciertos hábitos, como escribir naóas, Xalapa, quechúas, que el antropólogo no acepta, inclusive si van de acuerdo con una grafía localmente oficial, o poner h en palabras procedentes del español que en textos aborígenes se emiten sin

Tiene que hacerse de una enorme cantidad de informaciones básicas, fácticas, que no son de cultural general. Sin estos datos, que son de carácter etnográfico, no le sería posible realizar una filosofía de la ciencia, ni entender las discusiones que en torno del material se hayan suscitado alguna vez (Historia de las ideas antropológicas).

§22,4,5,2 De esta situación peculiar deriva la necesidad de organizar los estudios antropológicos en forma algo distinta de lo que posiblemente se estile en otras carreras.[5]

En los primeros semestres es de enseñarse el material de base, el sustrato referencial. Una vez recibida esta base de discusión, puede pasarse a la discusión misma.

Los semestres avanzados podrán contener buena cantidad de cursos optativos de carácter teórico, y los siguientes siete obligatorios:

Historia de la ideas antropológicas	Fenomenología de la religión
Un curso de economía	Un curso de sociología
Un curso de geografía	Un curso de psicología

Un curso de filología española o de filología románica[6]

§22,4,6 Resumiendo: los primeros cuatro semestres (en realidad: cuatrimestres) serán esencialmente etnográficos, esto es, descripitivos, ofreciéndose al mismo tiempo cursos técnicos para el manejo de los materiales (biblioteconomía, lógica, cálculo, documentación comunicación, censos, práctica de arqueografía, etc.). Los restantes caen en la segunda mitad del proceso de aprendizaje y de la incorporación de

---

espiración, como ílo 'hilo', ásta 'hasta'. También no referimos a la eliminación de mayúsculas al confeccionar un vocabulario dialectal o en idioma nativo. Finalmente corregimos las grafías extranjeras como hithita por 'heteo' o 'hitita'; corregimos kh que tiene valor de jota: Jorsabad, Jeops, Gran Jan, y escribimos con š, č, ž donde corresponde: Jruščov, Mnačko, Dubček, Žepa, Goražde, Brežnev, y vertimos sh del inglés y ch del francés a š: oriša, Ašanti.

[5]   Este autor opina que pedagógicamente se ganaría muchos en varias de ellas –por ejemplo en las lingüísticas– si se siguiera la estrategia antropológicas de exponer en los primeros semestres los hechos y estudiar las técnicas, para pasar sino más adelante a la discusión de teorías sobre ello.

[6]   En el Brasil, sería un curso de filología lusitana.

hábitos profesionales, y serían etnológicos y de teoría. Entre ambas fases mediará el citado examen de madurez.

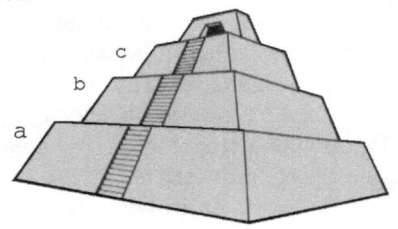

No es de desecharse la posibilidad de instituír cursos de post grado, bien para la especialización y teórica, bien para la práctica, bien para ambas. Esta nueva fase de los estudios, de cuarto semestres posteriores a la licenciatura, podría versar sobre temas de particular interés, diferentes según el país. Podría ser, por ejemplo, la etnología aplicada. O la a veces tan vilipendiada social anthropology que, según parece, tiene un especial interés por los aspectos teóricos, los cuales se desprenden de los materiales fácticos previamente estudiados y que, en tal virtud, puede muy bien y honrosamente coronar los estudio antropológicos.

§22,5 Partiendo de la lista dada en §22,2 es fácil hacer los planes de estudios para especializaciones como lo es la arqueografía-arqueología, y la glotografía-glotología. Para la última hay que imponer la obligatoriedad de unos seis semestres de análisis de estructuras lingüísticas, y para la primera otro tanto de clasificación de material cerámico.

Habrá algunas otras materias regionalmente fundamentales, que cada escuela señalará según su criterio. Por lo demás, todas las de la lista de §22,2 serán optativas.

Finalmente, para hacer esta segunda carrera antropológica, habrá que reglamentar la revalidación de los *credits* ya "gastados" por haberse exhibido para tener derecho de presentar la primera tesis y primer examen. Tratar los pormenores de ello, por lo demás sencillos, no interesa en las presentes líneas.

§22,5,1,0 Existe una diferencia entre las clases magistrales o Lectūra publĭca, a las que a menudo asisten personas que no están inscritas en la especialidad y en la cual el público no debe interrumpir al expositor, y la modalidad del seminario privatĭssime a la que asisten sólo las personas inscritas y en la que se establece el diálogo pedagógico. [Cuando se hicieron estos apuntes para los alumnos de 1968, todavía no se había puesto de moda llamarlo work-shop.]

Es frecuente que en un mismo semestre el profesor dicte o lea una lectūra sobre un tema y que realice otro día un seminario acerca del mismo tema. Hay maestros que exponen su lectūra en la mañana y dirigen el correspondiente seminario en la tarde; ahí se discuten las cuestiones que el maestro había expuesto de forma teórica en la mañana, esta vez con activa intervención de los alumnos y gran silencio del profesor quien funge sólo como director de debates. Exponen los alumnos los resultados de sus reflexiones y de su investigación de gabinete.

En otras ocasiones se expone en un semestre la lectūra y en el semestre siguiente se realiza el seminario.

Finalmente es factible, y a veces pedagógicamente de especial recomendación, empezar por un seminario y no pasar a la exposición teórica sino después de que los asistentes tengan una base suficiente para ella. Tal puede suceder con materias como lógica simbólica, matemática, lingüística estructural, gramática transformativa, gramática generativa, o programación de cerebros electrónicos, cuya exposición teórica será asimilada mucho mejor después de un contacto previo con su manejo.

Los seminarios de introducción muy sencillos, en los que no se pide a los alumnos sino poner atención y hacer los ejercicios que exige el docente, son llamados proseminarios en algunas universidades.

Distintos son "los prácticos".[7] Estos son entrenamientos (ingl. skill, drill) en que interesa la incorporación de reflejos y/o hábitos de trabajo. El "práctico" puede llegar a confundirse con el proseminario, pero se distingue con toda claridad del seminario.

En el seminario, lo que se hace son ejercicios mentales, como los arriba mencionados, mientras que en el "práctico" se realizan ejercicios físicos, como es el manejo de matraces de laboratorio, de aplicación de pruebas psicológicas y su interpretación estadística, la clasificación de tapalcates (pedazos de tiestos) en la bodega de un museo, el trazado de mapas en un instituto de cartografía.

Pedagógicamente, el alumno no aporta nada en las lectūræ ni tampoco ofrece aportaciones intelectuales en los "prácticos". De ahí que muchas universidades prefieren poner un acento especial en los seminarios, en que «no se trata de repetir dogmas y opiniones doctrinales, sino de investigar libre y rigurosamente»,[8] procedimiento didáctico que da ocasión al educando de desplegar o sacar a flote (lat.ēdǔcěre) su personalidad durante la exposición oral de sus pequeños y grandes descubrimientos.

§22,5,1,1 Los alumnos que deciden asistir a un determinado seminario, se inscriben *antes* de las vacaciones que median entre este curso y el semestre que está terminando.

§22,5,1,2 El ayudante de cátedra tiene una lista de temas para la temática del seminario, de la cual hay una copia exhibida a la vista de

---

[7]   Que no deben ser confundidos con "las prácticas" (francés *stage*) fuera de la universidad.

[8]   Agustín Basave Fernández del Valle, *Ser y quehacer de la Universidad*, Univ. Autónoma de Nuevo León, Méjico, 1971, p. 134.

todo consultante. Cada alumno escoge un tema de la lista y notifica de ello al ayudante, pero puede también sugerirle temas nuevos. Cada tema tiene asignado una fecha precisa para su exposición coram publicō.

Al aceptar el tema, el alumno acepta la fecha en la que él expondrá lo que haya elaborado -en gran parte durante las vacaciones. A continuación de su exposición se discute el trabajo. Los temas serán expuestos por los alumnos, sin pretexto ni excusa, a partir de la primera semana de iniciado el nuevo semestre o cuatrimestre; esta es la razón por la que la búsqueda de datos debe realizarse en vacaciones.

§22,5,2 A los seminarios deben asistir alumnos de diversa preparación o "edad académica": los mayores orientan con sus intervenciones a los de nuevo ingreso.*

§22,5,3 Cuando califique los trabajos que exponen los educandos, el profesor tomará en consideración si el alumno es de nuevo ingreso o si es de un semestre avanzado.[9]

§22,6,1 El ayudante de cátedra prepara un lista *corta* de obras de consulta. Ella sirve de punto de partida para que los alumnos busquen sus fuentes: la primera obra que consulten tendrá, o debiera de tener, una lista bibliográfica. Esto pondrá al investigador en ciernes sobre la pista que necesita. De hecho, la lista del ayudante es innecesaria: basta con haber encontrado un solo libro de etnología y buscar la bibliografía en sus últimas páginas (§23,1,1).

§22,6,2 Enseguida, el alumno hace anotaciones y procede a hacer "protofichas" y "fichas" (§29; §36,1,2). Procede luego a la redacción del trabajo que va a leer en el seminario, sin omitir las comillas cada vez que cita de una fuente.

---

* ¡Pedagógicamente, son poco útiles los seminarios con alumnos de una misma edad académica!

[9] Para un alumno de nuevo ingreso, la asistencia a un seminario tiene, de hecho, dos aspectos: su colaboración personal estará en el nivel de un proseminario o de práctico, pero los estímulos que recibe y que no serán productivos sino meses después, corresponderán verdaderamente al nivel de seminario.

Ya se aludió más arriba a la dificultad que en Hispanoamérica tienen, tanto los escolares que acaban de hacer su bachillerato como no pocos profesores, para desempeñarse en este nivel universitario. Por lo que pienso que conviene avanzar con prudencia en la "endoculturación" de ambos. La mejor solución para los jóvenes bachilleres, es que en el futuro cursen su "pregrado" o licenciatura en la Escuela de Licenciaturas, y que posteriormente ingresen en la Universidad, en la que la mayor madurez de todos los involucrados en el proceso permitirá realizar "estudios de verdad".

§22,7,0 La finalidad de los seminarios es el enseñar a los alumnos ➢ a manejar el material escrito y a redactar,[10] ➢ enseñarles a exponer en público, ➢ enseñarles a discutir científicamente, recibiendo y haciendo crítica sin perder los estribos.

Por esto la calificación de los alumnos no se base exclusivamente en la calidad de su mecanoescrito que lee ante los demás (y cuya copia se entrega, obviamente, al profesor), sino en su activa participación en la discusiones que hay en torno de cada uno de los trabajos así expuestos. Debe quedar perfectamente entendido que si en la institución se omite la discusión, no se estará cumpliendo con la finalidad de lo que es "seminario".

§22,7,1 El algunos países puede ser recomendable que los seminarios sirvan de ocasión para estrechar los vínculos personales entre los futuros científicos, con el fin de evitar recaídas en individualismos y actitudes de gruñones solitarios (§8) incapaces de someter sus ideas y obras a algo que no sea alabanza incondicional.[11] Pero por otra parte, sería igualmente intolerable que las aulas produjeran individuos sin individualidad, que buscaran hundirse en el anonimato del trabajo de grupo, para evitar la responsabilidad personal.** La modalidad pedagógica del seminario puede evitar ambos extremos.

§22,7,2 El siglo XX es el siglo del trabajo en equipo cuando se trataba de obras de envergadura mayor, como lo son los que no sólo exigen contactos entre personas sino aún entre distintas instituciones.

Esto exige técnicas compartidas. La tónica del presente libro está puesta en esta necesidad (véase entre otros el §22,2,2). La comunicación de instituto con institutos y de individuo con individuos pide que se renuncie al uso de precientíficos lenguajes personales, pero no exige el abandono de la personalidad y de la responsabilidad individual. Por esto es que arriba se postuló que cada quien haga, y firme, su trabajo.

Pero, y esto es una característica significativa del seminario, cada alumno recibirá de sus compañeros solidaria cooperación en la recabación de datos.

Extra muros o en el seminario, se podrán reunir los condiscípulos para confeccionar fichas, hacer duplicados de ellas e intercambiarlas. El proceso podría ser también el siguiente: supongamos que la temática

---

[10] El trabajo de gabinete es de hecho un trabajo con un modelo de la realidad etnográfica, cf. §23,0,5.

[11] La asistencia a un seminario de Lectura crítica no sólo sirve escribir reseñas de altura, sino para ser tolerante frente a la crítica.

** Por esto ni siquiera en el nivel de la licenciatura, por o menos en una facultad de ciencias del espíritu, no se habrá de aceptar jamás un trabajo firmado por varios estuciantes.

del seminario permite que cuatro alumnos busquen en los mismos 80 libros y artículos datos diferentes para sus respectivos trabajos. Con el fin de no tengan que extractar cada quien de estos 80 libros, los cuatro compañeros pueden dividirse la lista bibliográfica, tomando cada uno solamente veinte libros. Harán cuatro tantos de las fichas (naturalmente, todas con el mismo sistema, §29); darán tres a los colegas, cuyas fichas recibirán en cambio.

Una cooperación semejante debiera existir en la confección del fichero para las tesis profesionales, aunque naturalmente el número de fuentes con materiales de primera mano (¡no de fuentes secundarias!) tendrá que ser mayor.

§22,8,l A un aspirante al grado de licenciatura no se le debe exigir altos manejos filosóficos -salvo si es estudiante de filosofía.

§22,8,2 Y al contrario, otorgar la licenciatura sin que medie una tesis, pone en ridículo a la institución.

Cómo y por qué
se vuelve a estudiar hechos

§23,0,1 Las investigaciones antropológicas se emprenden normalmente para llenar una laguna de nuestros conocimientos antropológicos: se estudia lo que se desconoce.

Si proyectáramos gráficamente nuestros conocimientos arqueológicos en un mapa, se destacarían zonas con amplia indicación de hechos y zonas en que «no hay nada». Lo que en realidad no hay, es información; los hechos pueden estar presentes, bajo tierra. Es a estas zonas que dirigirá sus pasos el arqueógrafo, para colmar vacíos de conocimientos

¿Qué es lo que busca? ¿Qué promete encontrar?

No le preguntemos. Démosle dinero para que trabaje.

§23,0,2 En otros casos, existen trabajo previos que se podrían aducir y cuyos títulos y resultados se podrían inscribir en el mapa aludido. Pero la investigación contemporánea puede estar insatisfecha con los resultados de esos trabajos.

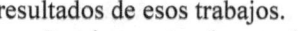

Precisamente los trabajos "arqueológicos" que llenaron durante años las páginas de los *Anales* de museos y de otras revistas, no son sino notículas de investigaciones dominicales. La ausencia de técnicas (§15,5) en décadas pasadas y la ausencia de

un registro diario (en ingl. protocol §36,12) en muchos casos hasta la actualidad, ha popularizado la lamentable opinión –que no es preciso compartir– de que muchos trabajos publicados en Argentina antes de 1948 no valen el papel en que han sido impresos. Para Chile no se nos señala una fecha tan tajante, comentándose únicamente que por 1953 se inicia en ese país un auge en esta disciplina, con métodos limpios de excavación -excepto en Atacama.

El mismo poco aprecio cosechan generalmente los trabajos dizque lingüísticos y los etnográficos escritos años ha. ¿Qué hace entonces el científico?

¡Estudiar de nuevo!

¿Qué piensa encontrar?

No le preguntemos. Démosle facilidades para trabajar.

§23,0,3 En otras ocasiones, los materiales recabados con anterioridad permiten vislumbrar temas que pueden ser estudiados si se reorganiza y reinterpreta lo que hay publicado. Empero, con 99% de seguridad, puede afirmarse que los materiales disponibles son insuficientes. Hay que salir al campo, a trabar in sitū. ¡Pero esta vez en forma limpia!

§23,0,4 Otra razón puede haber para volver a estudiar hechos.

Puede ser que las técnicas científicas hayan adelantado de manera notable, haciendo posible realizar, apenas ahora, un trabajo que satisfaga las exigencias metodológicas mínimas y, además, aplicar medios nuevos. El que, en estas condiciones, se repita un estudio no implica un menoscabo moral de lo que han hecho nuestros antecesores.

Finalmente, en especial en las investigaciones sociales, puede interesarnos el estado actual de un hecho descrito con anterioridad.

§23,0,5 Mas, puede suceder que no estamos en posibilidad de salir al campo –que es el sitio en que debe hallarse con frecuencia el verdadero antropólogo– y que nos veamos en la penosa necesidad de «tomar libros viejos para hacer libros nuevos», como solían decirnos burlonamente algunos maestros.

Esta es la situación en que se encuentra el estudiante cuando tiene que hacer un trabajo semestral en las universidades que, atinadamente, dan más importancia a los seminarios (§22,5) que a las "exposiciones magistrales".

¡No se lamente mucho de este situación el estudiante!

El análisis de fuentes escritas (punto 111 de la *Guía* de §35,11,3) consiste en desmembrar los escritos y reorganizarlos con criterio nuestro. ¡Esto es exactamente lo que, en un ambiente ligeramente distinto, sucede cuando se ordenan los datos personales recogidos en el campo! Puede decirse que el trabajo de gabinete (como lo son lo seminarios) se hace con modelos en el papel, que sustituyen a los informantes vivos. De esta manera, el entrenamiento de gabinete será útil a los estudiantes para sus futuros trabajos de la "verdadera investigación" que anhela hacer fuera de la ciudad.

§23,1,1 Lo primero que se hace al iniciar el estudio de un tema que nos es desconocido, es tomar una obra de carácter general. Esto se hace con dos finalidades: ≻ para adquirir una visión del panorama, y ≻ para dar comienzo a la lista bibliográfica con que operaremos más adelante (§22,6,1, §36,1,1).

Por mala que sea una obra de tipo general, nos será útil para dar comienzo a nuestra búsqueda. Pongamos por caso que nos interesan lo onas y Tierra del Fuego. Consultaremos las obras generales acera de aborígenes que confeccionaron Krickeberg, Nowotny, Canals Frau, Serrano, Íbarra Grasso. A tales obras se les llama fuentes secundarias, aunque las aquí mencionadas son más bien terciarias. En ellas abrimos el o los capítulos que traten de la región que intentamos estudiar.

Leído lo que estos señores nos presentan, estamos dotados de una concepción general de que antes carecíamos. Pero más importante que las ideas de autores viejos, son sus referencias bibliográficas –incluídas las fuentes primarias que jamás han leído– como son las que están en idiomas que ellos desconocen.

Nuestra siguiente lectura serán tal vez los tres últimos artículos contenidos en el tomo I de la *Historia de la nación argentina* (editada por Ricardo Levene, 1936); se trata de monografías ya mucho más precisas de lo que podría ser una descripción contenida en las obras del primer tipo. Pero esto sigue siendo insuficiente. Tenemos que ir a las fuentes originales, que estos autores citan en sus bibliografías. Y es más: no citaremos nunca a través de las fuentes terciarias y secundarias si podemos consultar directamente las primarias.

§23,1,2 A estas alturas nuestra tarea consiste en hacernos realmente de "nuestra bibliografía" (punto 112 de la *Guía* de §36,11,3) y hacer ya un fichero de referencias, consistente en papeletas en que hagamos anotaciones acerca de los temas que hemos visto en algún artículo o libro, o que citan los autores, y que pensamos leer más adelante.

Supongamos que nos interesan varios aspectos de la vida de los habitantes más australes del continente, entre ellos la religión. Nuestras protofichas podrían tener la siguiente estampa:

```
religión
rito de cazadores


    ofrenda a animal sacrificado


    F. P. Moreno,
    Viajes a la Patagonia Austral,
    t. I, Bs. Aires, 1876-77,
    p. 10.
```

```
religión
varios


    leyenda yāgan, p. 66;
    religión ona, p. 75 seqs.


    R. Dabbene, "Viajes a la Tierra del Fuego
    y a la Isla de los Estados",
    Bol. del Inst. de Geogr. Argentina,
    t. XXI, (¿1920?)
```

Si disponemos de espacio abajo en la papeletas, pondremos ahí la colocación que el libro tiene en la biblioteca; si no, ponemos esta información arriba a la izquierda, como en las fichas de las bibliotecas públicas.

§23,2 Disponiendo de amplia lista (o protofichas) de bibliografía, con la indicación precisa de la localización (¡por favor, evítese el italianismo de «ubicación»!) en las diversas bibliotecas de nuestra ciudad, es fácil realizar la segunda fase del trabajo. Iremos a las bibliotecas a solicitar determinadas revistas u obras, sabiendo ya en qué página precisa, o en qué capítulo habremos de encontrar datos; transvasaremos éstos a nuestra fichas de investigación (§29). Cada una de ellas debe tener sino un solo dato y, en consecuencia, recibirá un solo número del código de Murdock o del nuestro.

§23,3 Después de juntar durante varias semanas o meses el material, a razón de docenas de fichas por sesión de consulta en las bibliotecas, pasamos a la tercera fase del trabajo.

Si tenemos criterios personales, éstos nos guiarán en el tratamiento del material recopilado. Si no los tenemos, cosa perfectamente posible, el material será αὐτόμα(ν)τα: el sistema lo proveerá de μά(ν)τα ('mente') propia. El simple ordenamiento de fichas con contenidos semejantes, colocados detrás de divisiones en las gavetas, conducirá a resultados válidos.

Si en las fichas se han transcrito apreciaciones subjetivas procedentes de nuestras fuentes (cursilerías estilísticas o expresiones como "bárbaros salvajes")[1], éstas no son pasadas por nosotros a nuestro propio texto cuando estemos haciendo la descripción de los hechos culturales que estamos exponiendo.

Terminada la descripción de los hechos, conviene hacer una reflexión acerca de ellos y, posiblemente, discutirlos con un colega (§22,7,0).

§23,4,1 Recibidas las sugerencias, o reelaborada nuestra descripción sin ayuda de otros, pasamos a escribir los incisos finales del trabajo y, si se quiere, una introducción.

§23,4,2 La introducción llevará en número 0. Los incisos finales serán los únicos en que tenemos derecho de abandonar el estilo distanciado para dar cabida a uno más personal.

§23,4,3 No está por demás pedir a un profesor de literatura que revise nuestro castellano y estilo. De preferencia será una persona procedente de otro país, pues un coterráneo no siempre se da cuenta de las expresiones regionales que se cuelan a nuestro lenguaje, y que están fuera de lugar en un escrito científico, ni de palabras folclóricas (como: popoxclero, ocoxal, poxco, puxquido, apoxcahuado, cuxma, chiripá, pucará, pirca, callampa, quillango, hórreo, masía, pallana, ñora, ñoque, ñeque, ñaña, pana, tambo, churrasco, charquicán, chilatole, charqui, arepa, carantanta, jigra, guadua, otate) que necesitan traducción aunque puedan parecer perfectamente normales al autor. También pueden parecerle normales palabras o usos modernas, como: tema puntual, conceptualizaciones, el imaginario, sin las cuales su escrito ganará mucho.

El trabajo tendrá en todo caso: un mapa y una lista bibliográfica (¡sin numeración!). Si se destina a la imprenta que emplea letras metálicas,

---

[1]   [O audaces afirmaciones de racismo biológico, como «...gente que por religión y naturaleza guardaba gran odio a la Corona Española» (p. 120 *Génesis y desarrollo de la esclavitud en Colombia. Siglos XVI y XVII*, Cali, 2005).]

las notas para pies de página se escribirán en hoja aparte. Además, se marcan con lápiz o destacador (por mal nombre «resaltador») amarillo los número de las llamadas en el texto, a fin de que sean encontradas con facilidad por el corrector de pruebas y por el cajista de la imprenta.

Si el trabajo es leído en voz alta en una sesión de seminario, conviene que las mencionadas anotaciones para pie de página estén puestas dentro del texto. Y en tal caso, antes de transcribir entre comillas una cita, se pone para ser leído en voz alta, entre paréntesis la indicación: ⟨se abren comillas⟩. Después de la cita, y cerradas las comillas, se escribe ⟨cierre de comillas⟩. Estas palabras serán pronunciadas en todos los casos en que el autor expone en su trabajo ante un público, pero serán tachadas posteriormente si el ms. es enviado a imprenta.

§23,5 Varias revistas, no sólo en Norteamérica, quieren que los artículos de antropología tengan la presentación que se ve en los ejemplos que se ofrecen a continuación, con su índice al comienzo; pero esto es cuestión de moda y puede cambiar. También es costumbre norteamericana poner el índice o tabla de contenido al comienzo de los libros (a pesar de ser lo último que se escribe y que nada cuesta encontrarlo al final). En los trabajo cortos, destinadas a una revista universitaria que no impone su propia norma, se acostumbra emplear números romanos para ese índice inicial, siempre y que no tengan muchos, ya que el descifre de los romanos no es tan cómodo que la lectura de los arábigos. Las subdivisiones se ponen después de coma, con arábigos: II,1,1.

Veamos algunos ejemplos:*

El Faisán

0   Antecedentes
I   Método empleado
II   Desperfectos
III   Datos y resultados preliminares
IV   Conclusión

0 En el poblado de El Faisán, congregación de Salmoral, Municipio de La Antigua, existen numerosos montículos terrosos de factura prehispánica, que atrajeron la atención y codicia de algunos traficantes de objetos arqueográficos. El interés dió nacimiento a un floreciente negocio de extracción clandestina, que en el mes de febrero de 1957 tuvo el

---

* [De los cuales el primero nos enseña la manera discreta de poner en evidencia los métodos chapuceros y la inepcia de un director precientífico.]

trágico saldo de cuatro niños y adolescentes muertos al derrumbarse uno de los socavones practicados en el interior de un montículo constituído por ocho metros de tierra de aluvión superpuestos.

A través de este accidente se tuvo noticia del sitio, y la Universidad ordenó a su Ínstituto de Antropología realizar allí una exploración arqueográfica. Se presupuestó una temporada de tres meses (noviembre y diciembre de 1957 y enero de 1958), de acuerdo con el costo de trabajos anteriores, y recibí la orden de trasladarme a El Faisán y de reconocer la zona, principiando por el montículo delator («Edificio 1») y, precisamente, en el punto trágico del derrumbe.

El trabajo en estas condiciones tuvo sus lados negativos, tanto por la amenaza de nuevos derrumbamientos –que en una ocasión pusieron en peligro mi propia vida– como por las capas en varias partes revueltas y por la ausencia de materiales posiblemente significativos. Finalmente, los saqueadores procuraron intimidarme, enviando envalentonada gente armada y realizando excavaciones nocturnas, lo que significaba tanto una pérdida de materiales cerámicos como la pérdida de datos científicos y la revoltura de estratos con destrucción de mis trincheras sistemáticas. Ante estos hechos, se pidió el auxilio de gendarmes, bajo cuya custodia se siguió de manera acelerada el trabajo.

I El inseparable acompañante del arqueólogo, el teodolito, o siquiera el nivel, fue sustituído en esa ocasión por cintas métricas mediante las cuales se localizó la altura que dentro del cerro ocupaban los objetos. Para este efecto, no se procedió a allanar a este desde arriba capa por capa, sino que se dejó intacta durante cierto tiempo la cúspide, cuyo punto de referencia sirvió para descolgar una cinta métrica hasta el nivel de excavación que se estaba alcanzando. Posteriormente, y contando con nuevos puntos de referencia, se quitó la totalidad de la tierra del cerro artficial, menos un pequeño bordecito del lado oriental. Este borde de tierra maciza sirvió para retener la floja tierra excavada y se consideró que, al no haber contenido materiales los demás lados del borde, éste iría a resultar estéril también.

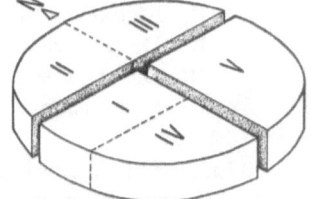

El trabajo de allanar el Edificio N° 1 se realizó en cinco fases, pero los materiales resultantes indican la conveniencia de considerar que el montículo estaba dividido en tres secciones (ilustración 1): constituyendo las fases I y IV una sección las fases II y III otra, y la fase V la tercera.

Debajo del nivel del suelo natural y de las secciones, se practicó asimismo una exploración, no sólo en lo que era el centro aparente del montículo, que no concuerda con el centro debido a desplazamientos eólicos y otras razones, sino en su base total, ahondándose un metro de profundidad en el suelo natural.

Dentro del montículo no se observaron trazas de estratos, debido a la calidad uniforme de la tierra empleada en su formación.

Los estudios universitarios en Alemania

I   Antecedentes
II   Requisitos de inscripción
III Los estudios
IV   Los exámenes
V   Los grados post-doctorales
VI   Resumen

I La palabra Universitas es una creación medieval con la cual se designó a la institución que había de estudiar el Universum en su totalidad. Contrariamente de lo que esperaríamos hoy, la disciplina que debía servir de base para tal estudio no lo eran las ciencias naturales, sino, de acuerdo con el sentir cristiano del medioevo, esa disciplina básica y universal sólo podía ser la teología, en derredor de la cual podían girar las demás, pero ocupando siempre un papel secundario y subordinado.

La primera Universidad fue fundada en Salerno, Italia, en 1150. En 1249 fue fundada la de Oxford, y en 1250 la de París. La primera Universitas Litterarum en territorio de habla alemana fue fundada en Praga, en 1380, por entonces sede del emperador alemán. Le siguen la de Viena en 1365 y la de Héidelberg en 1386.

Desde entonces las universidades han sido, y son, el centro de la vida espiritual del país, desde donde las nuevas ideas no sólo se difunden, sino...

Tenanquililcango

Un sitio arqueológico en la Huasteca

0   Generalidades
I   Forma en que se realizó la exploración. Estratigrafía

II   Arquitectura
III   Entierros
IV   Piedras. Cobre. Huesos. Conchas
V   Cerámica
VI   Conclusiones

0 Los datos arqueográficos en que se basa la presente nota provienen de una excavación que realicé en abril de 1955 en Tenanquililcango, cerca del caserío de Hueycuahtitla, en la Huasteca Meridional.

La zona se encuentra a poca distancia del nor-noroeste del río Juárez. Su nombre es nativo y parece significar 'contestadero', 'Lugar de Eco'.* El terreno pertenece a Hueycuahtitla, que está habitado por gente monolingüe de habla mexicana o nahua; sólo uno pocos varones tienen conocimiento somero del español. Las costumbres ancestrales, la habitación, el ajuar, la tecnología y el vestir se han manteneido, en gran parte, en su forma tradicional.

La zona está en un pequeño plan formado por las sedimentaciones del Juárez, y limitado por acantilados rocosos. Este plan es asequible por la carretera que en 1955 se construía para unir Colatlán con Chicontepec. La brecha de esa carretera no solamente atraviesa la zona arqueológica, sino aún algunos cúes.**

I En el espacio comprendido dentro de un cuadrángulo irregular de aproximadamente $500 \times 137 \times 548 \times 226$ metros (ilustración 1), se encuentran los restos bastante bien conservados de cerca de treinta edificios.

Cómo preparar
una investigación de campo

§24,0 Hemos mencionado en §23,0,1-4 las razones que pueden inducir a hacer una exploración en el campo. Han sido éstas: o bien la falta total de documentación o bien una literatura insatisfactoria. ¿Cómo ha llegado a esta opinión el investigador? ¿Qué tiempo debe recluírse en una biblioteca para saber que "no hay nada", y cuánto material de poco

---

*   De las raíces nahuas tĕ- 'piedra' o tal vez tē- 'gente', y nānquilīa 'contestar'.
** Nombre, de origen macromaya (kʼu 'sagrado'), para designar pirámides prehispánicas.

valor debe leer antes de tener derecho de emitir su juicio y decir: "¡Hay que ir al campo!"?

La respuesta dependerá de la comprensión que tenga el interlocutor (el jefe) de la capacidad de investigación del antropólogo académicamente preparado, y del grado de identificación que liga a ese interlocutor con las investigaciones precientíficas.*

Ya el viejo Bạstian (§7,10) se mofaba de quienes no comprendían al investigador de campo, relatándonos su experiencia con un oriental que se burlaba del antropólogo que pretendía «buscar la sabiduría sin recluírse durante años en un monasterio» (citado por Lọwie, *Historia de la Etnología*, p. 49).

El etnólogo, el lingüista y el arqueólogo actuales están dotados de una preparación académica general y de un entrenamiento técnico especial, que les permite trabajar en cualquier parte de la tierra, sin necesitar más antecedentes sobre una región que el dominio de la lengua del país.

Al llegar a un lugar, el antropólogo académicamente preparado ve en diez días más que los precientíficos en diez años. No le hace falta haber leído acerca del kamarikún y del ŋilllatún, ni necesita la última working-teory, para poder asistir a estas ceremonias mapuches y tomar nota de lo que ahí sucede. Puede ser que el etnólogo ayuno de toda información acerca de esta fiesta vea en ella más que muchos otros viajeros que la conocen desde hace años.[1] Esto no es de maravillarse; es simplemente el resultado de los semestre de entrenamiento profesional recibido en la universidad. Desde luego, no está de más haber leído uno que otro libro acerca de la región de nuestra exploración, especialmente los de geografía, los informes acerca del estado de las carreteras, los censos nacionales, los estudios endemiológicos. Esto no es working-theory, pero nos ahorrará el error de ir en guayabera a un nevado y se evitarán sorpresas in punctō alimentación, hospedaje, comunicaciones, pluviosidad, temperatura, enfermedades. También se echará una mirada a las *Guías* (la de Mụrdock; la del investigador de campo, §11,2; el *Cuestionario lingüístico hispanoamericano* de Navarro Tomás, Bs. Aires, 1943; y también el libro de Wheeler de *Arqueología de campo*) antes de emprender el viaje.

§24,1 Todo instituto bien llevado tiene Censos, Guías de turismo (Shell Atlas, Les Guides Bleux, Cartas regionales o de Rutas) y mapas a la disposición de sus investigadores (§36,1). Si trabajamos por

---

* Conocí a uno de ellos, quien vetó una investigación en Patagonia porque «Ya todo se sabe: Pigafetta [el piloto de Magallanes] recogió un vocabulario ahí».

[1] Esto le sucedió a un etnólogo al que unas misioneras había llevado a la realización pagano en sacrum publĭcum, en Huehuetla, Hgo.

contrato individual, tenemos de todas maneras derecho de pedir que en el instituto de antropología se nos faciliten las informaciones y se nos permita consultar estas fuentes de información. Si ahí no las hubiere, las conseguiremos en el Club de Automovilistas, en el Departamento de Turismo y en los Ministerios. Procuraremos no olvidar obtener aerofotos. Sacaremos copias xerográficas de las hojas que nos sean imprescindibles. Iremos a alguna oficina pública y ministerios para corregir estas copias de acuerdo con el último estado los puentes, trochas (= brecha en la selva, vereda muy estrecha) y calzadas así como para inscribir los caminos vecinales y de herradura.

Formaremos* o confeccionaremos un directorio de personas radicadas en la región (que normalmente están registradas ya en los archivos del instituto si es que ese es de investigación de campo), como son médicos, sacerdotes, alcaldes, informantes, maestros de escuela, comandantes militares, y la institución que haya contratado con nosotros les escribirá anunciando la próxima llegada del investigador. Las persona que las firme será alguien especialmente apreciado en la región, por ejemplo el Gobernador.

Si el viaje es a lugares muy apartados y de condiciones de vida poco atractivas, se puede solicitar donativos de medicamentos y concentrados a compañías comerciales. Parte de estos obsequios será suministrada a nuestros peones, parte consumida por nosotros, y la mayor parte empleada como paliativo de los males de la comunidad con que habremos de convivir.

§24,2 El investigador tomará pastillas antipalúdicas antes de emprender el viaje, si éste es a tierra caliente. Se hará inyectar contra tétano, tifo y paratifoidea. Se hará aplicar una vacuna antigripal y/o una polivalente. Llevará pastillas de cloro para hacer potable el agua. Se proveerá de complementos minerales y de vitaminas. Según la disposición de su organismo, se proveerá de medicamentos para el aparato digestivo o para el respiratorio. Llevará repelente, insecticida (como DDT en polvo, latas a presión).

§24,3 Si el clima lo permite, el investigador empacará poca cantidad de ropa. Procurará no llevar sino ropa de "lavar y poner" de algodón y de Trevira (Tergal) o los productos semejantes que habrá en el futuro. Llevará envasada en tubos: pasta de superficie activa para desmanchar su ropa, y evitará los detergentes en polvo por ser contaminantes. Llevará colgadores ("ganchos") y una cuerda para colgar el lavado. No deberá olvidarse de hilo, botones y las agujas para zurcir.

---

*   [¡No "conformaremos" –que es galicismo reciente, de fin del siglo!]

§24,4 El investigador llevará en su equipaje: tarjetas postales sin ilustraciones: tarjetas-carta ("correogramas", "aerogramas"), sellos postales, papel con membrete de su institución, papel sencillo; sobres; una libreta para "diario de campo"; una gaveta metálica doble repleta de papeletas y provista de llave; bolígrafo; lápiz de grafito. Ya no se estila usar pluma fuente.

Es incuestionable que todo investigador llevará una cámara réflex un soporte-prensa (§24,1,4). Además de varios rollos bl & n podrá llevar un tanque (con sus químicos) para hacer revelados en el campamento. Para hacer obsequio de fotos al instante, puede resultar oportuno llevar una Polaroid (§25,3,1).

Siempre ha sido bueno llevar una máquina de escribir portátil o semi portátil si las condiciones de transporte lo permitieron; ahora se piensa más bien en un miniprocesador "lap-top".

Todo jefe tiene derecho de exigir que a los *ocho* días de regresados del campo, sus subalternos le entreguen un primer informe mecanoescrito de la labor desarrollada; por ello conviene que el explorador aproveche los muchísimos ratos disponibles en el campo, para adelantar desde ahí su trabajo escrito.

Puede llevarse un grabadora con auricular. No olvidar de llevar el micrófono. Las pilas secas no deben estar puestas en el aparato antes del momento de su uso. Se llevará un doble decámetro para medir; cuerda de cáñamo (o modernamente de plástico), pluma fuente para tinta china homogeneizada; dos escuadras; papel con cuadrícula milimétrica; papel de dibujo transparente ("Abanene", "Diamante"), y tal vez plantillas para el trazo de letras (actualmente se pueden hacer los letreros con el micro). Si se hacen excavaciones pero no se sabe usar el teodolito, por lo menos hay que llevar el nivel de agua.

Cómo comportarse en el campo

§25,0 Si en el propio medio cultural nuestra es difícil explicar a un contemporáneo culto lo que se anotó en §21, más difícil, si no imposible, es explicarlo a nuestros contemporáneos primitivos

Cuando Vaillant hizo calas en orilla del antiguo lago de Ticomán, la población cercana no le creyó jamás que sacaba, lavaba y secaba los tepalcates simplemente para clasificarlos y hacer una estratigrafía. La versión popular fue distinta; el gringo lava los tepalcates para molerlos en una casa que tiene en Azcapotzalco, y extraerles el oro.

Medio siglo antes, Lumholz pudo evitar el conflicto que se le venía encima por andar empacando cráneos pre o protohistóricos que hallaba en cuevas, explicando a la población rural que lo hacía para llevarlos al obispo, con el fin de que éste determinara si estaban bautizados o no.

Después de diez años de experiencia continua en el campo, el que estos escribe fue tomado por un inspector del gobierno (porque había preguntado por el nombre de árboles) y le fueron sustraídas sus anotaciones mientras dormía en el piso de tierra junto con el resto de los habitantes de la choza.

Un estudiante norteamericano que fue a vivir un año en San Juan Atzinco con su mujer casi ciega y sus dos hijitos, para hacer una tesis de etnografía, explicó en términos sencillos la finalidad de su permanencia en la comunidad. Que no fue entendido jamás, siendo en cambio tomado por ingeniero o prospector, se desprende de expresiones como: «Cuando venga la compañía de usted...».

Estas y otras experiencias nos hacen ver la necesidad de preparar una versión comprensible de la razón de nuestra presencia en el lugar en que pensamos explorar.

He tenido ocasión de asistir a una práctica de excavación dirigida por una persona dotada del título de Völkerkundler (Q = $a \supset b$ vel [b ∨ c], cf. §25,5,1). La veintena de alumnos fue aceptada por la comunidad, con la que entró en relación de parentesco ritual (compadrazgo) y franca camaradería. Nadie se percató que entre los jóvenes no había ni un solo estudiante de arqueología, y que junto con el trabajo arqueográfico se estaba haciendo un estudio completo de etnografía, de laografía y de antropología social.

Nuestra versión, verdadera o falsa, será aceptada en la medida en que esté de acuerdo con los cánones de pensamiento de la población lugareña. ¡Que en realidad no obramos con intención de perjudicar, lo comprenderán automáticamente los aldeanos después de algunas semanas de conocernos de cerca!

§25,1 Será bueno conocer estos cánones antes de dirigirse a la región. El antropólogo debe saber que muchos indios no admiten en su comunidad la presencia de huincas ("gente de razón", "blancos", "cristianos", "ladinos") que tengan garraspera y tosen de vez en vez, por haber experimentado las epidemias que diezmaron y destruyeron tribus enteras. Los gitanos auténticamente tradicionales no permiten la permanencia de personas con anteojos, pues no toleran en el campamento a personas con defectos físicos. Para los gitanos son, además, impuros los médicos y las parteras, por lo que ningún antropólogo que haya manejado cadáveres, osamentas, tierra de cementerios, o tomado clases es en la morgue o sección de obstetricia, puede abrigar la esperanza de hacer buenas investigaciones entre los calé. Hay indios que aclaran la filiación religiosa del visitante ofreciéndole un cigarrillo. Si fuma, es católico, si no fuma, es protestante (y puede ser portador de futuros conflictos). En algunas regiones (primordialmente en las pobres) es recomendable tener cartas de presentación de autoridades eclesiásticas; en otras esto entorpecería el trabajo. En muchos lugares del mundo, la gente de cualquier estamento comprende que alguien emprenda un viaje al Hínterland en busca de oro o de negocios, pero no por un móvil espiritual salvo por uno religioso. Conviene que sepamos qué mercancía es apreciada, y hacer algunas compras al por mayor, pare venderlas al menudeo. Con ello se hace un favor a la población, ¡pero cuidado con crearse conflictos con algún comerciante local!) y el visitante queda situado en un punto ya existente en el cuadro de conceptos que opera en la comunidad. Posteriormente podrá ser rectificado este punto, pero ya por entonces estará perfectamente aceptado por la comunidad, que suele ser desconfiada pero generosa.

El viajero se adaptará exteriormente al ambiente, usando los sombreros de la región y la ropa en venta en las cabeceras de distrito.[1] No ostentará barba, barbita, bigote de última moda sino, precisamente lo que se acostumbra en la región (cuidando sólo de no adaptarse a la imagen que caracteriza a los "señoritos" de la capa explotadora de la región); de preferencia andará bien rasurado. No empleará maletas finas, sino líos o bultos, cartones o cajas, de acuerdo con los usos y costumbres locales.[2] Para las antropólogas bástenos recomendarles un atuendo sencillo y no exagerar en la adopción de la vestimenta tribal.

§25,2 El investigador no se aislará de la comunidad.

No vivirá en toldo de plástico o de lona, ni en carros casa (remolques). Vivirá en una de las chozas de la aldea y dormirá en hamaca, catre, o también en estera en el suelo, según la costumbre local.

---

[1] Si es una comunidad folk en Europa, o una ciudad pequeña que en cualquier continente tenga aspiraciones y pretensiones de ser occidental, no es necesario que el antropólogo se adapte al grado de abandonar su personalidad de ciudadanos procedente de una metrópoli.

El investigador ocupa un lugar en el "contínuum ciudad-folk" (términos ahora rebatidos). Aunque no sea más que un visitante, es, aunque no lo quiera, un emisario de la cultura moderna prevaleciente en su ciudad. Este papel vector le da potestad para negarse a aceptar la ropa triste, actitudes tristes, gomina en el pelo o largas pelambreras hirsutas, cursilerías, chuchería y cuánto él considere de mal gusto y fuera de época. El podrá estudiar los fósiles vivientes del s. XIX, pero será mucho exigirle que a su vez se fosilice.

[2] Esta recomendación perderá vigencia conforme se generalice en todas las campiñas el empleo de mochilas y maletines de tela impermeable. Como no es un elemento de la cultura autóctona, no hay ningún paradigma autóctono al cual respetar, así que tenemos el derecho, por no decir obligación, de no coadyuvar en la irradiación de un mal gusto suburbano: compraremos sólo los más monocromos de esos contenedores.

Sólo en regiones muy frías podrá usar saco-cama (saco de dormir).[3] Procurará en la medida de lo posible emplear los utensilios en uso en la comunidad, como son la estera, el quillango, el poncho, el garabato para colgar objetos de las vigas, el machete, la calabaza, las vasijas para depositar agua, la cuchara de madera. Pero podrá emplear el pabellón o toldillo mosquitero, y si no hierve su agua le pondrá en las vasija de su uso personal una pastilla de cloro por cada diez litros. Si se instala en una choza nueva o abandonada, podrá hacerle hacer un exorcismo de acuerdo con la costumbre local -ocasión propicia para fumigar y regar insecticida en polvo; pagará de preferencia en especie a la mači o al payé.

§25,3,1 No se tomarán apuntes formales ni fotografías los primeros días en la comunidad.

Después de algún tiempo de ser conocido por los aldeanos, se preguntará si no hay inconveniente en anotar esto o aquello que acaban de decir, pues es muy interesante y, lamentable, este viajero es muy desmemoriado y lo olvidaría sin un apunte.

Tampoco se harán dibujos, sobre todo de personas o de partes de personas.

No se mirará fijamente a nadie, evitando sobre todo mirar con admiración a niños. Se procurará temperar la voz, y abandonar la gesticulación y otras expresiones dinámicas que son ajenas a los hábitos de la comunidad. Se observará la manera de saludarse la gente y se evitará en lo posible el contacto físico (poner la mano en la cabeza o en el hombro de la gente, etc.). En ocasión de algún acontecimiento, las fotos que se tomen con la cámara Polaroid, serán obsequiadas, pero por lo demás serán vendidas a muy bajo precio.

§25,3,2 Lograda la venia para escribir, fotografiar, y habituada la población a esta «costumbre que trae el hombre de la ciudad», podremos hacer brevísimas anotaciones en público, de términos, versos, nombres, fechas y cantidades que de otra manera se nos olvidarían seguramente antes de llegar el momento solitario de poner al corriente nuestro "diario de campo". Estando ya solos, elaboraremos en mejor prosa los apuntes hechos en público. En la misma ocasión se harán los dibujos con tinta china (plano de la aldea, con cultivos y casas; planta de una casa típica: instrumentos; vestimenta). Se mostrará parte de estos dibujos a los nativos que nos visiten y se les leerá igualmente parte de nuestra libreta ("diario" o a lo inglés: "protocolos"). Conviene hacer copias de los planos de la aldea y predios y obsequiarlos a la jefatura de la comunidad.

---

[3]   Al que ví en el 2001 nombrado irrespetuosamente «sarcófago» en un supermercado suramericano.

Si va a permanecer bastante tiempo en el lugar, el investigador instalará poco a poco su oficina. Tendrá máquina de escribir, papeletas, una gaveta doble con llave, papel, tinta china, papel carbón.

Hará ensayos de redacción. Mandará una copia al carbón de la última versión de su informe, y de todas sus fichas, cuando tenga ocasión de enviar ese material con un chasque (con un propio o topil) a la cabecera provincial, a fin de que desde ahí se expida al instituto que lo contrató.

Regalará copias al carbón de algunos capítulos de su trabajo (versos, historia del pueblo, adivinanzas, problemas de agua y suelos) al cacique de la comunidad o al intelectual de la villa cercana.

§25,4 Lo que se ha dicho en los subincisos precedentes no atañe a quien sólo tenga la licenciatura en arqueología, pues éste puede aislarse de la comunidad y levantar su campamento lejos de la aldea, junto a la zona que está excavando. Con todo, no deja de ser interesante para el trato con los peones adquirir un poco de la Einfühlung que se exige del etnógrafo.

§25,5,1 Si el arqueógrafo o el arqueólogo ha estudiado, además, otra de las tres subdisciplinas antropológicas, mencionadas en §12,5, puede ser considerado Völkerkundler, o sea, antropólogo cultural. Lo mismo vale para la lingüística. Es poco frecuente que una persona haya hecho examen profesional en los tres campos, aunque si hay quienes se han desempeñado en ellos (y no cabe duda que merecerán el nombre de antropólogo cabal). El antropólogo cultural suele combinar:

a] la etnografía con la arqueología,
b] la etnografía con la glotografía

De este hecho se desprende que todo antropólogo cultural –que en la fórmula que sigue denominaremos Q– no sólo tiene derecho sino obligación de hacer al mismo tiempo anotaciones de temas de sus dos especialidades.

Diremos que antropólogo cultural (Q) es quien une los campos a y b ó a y c del esquema, cuya fórmula se lee "Q es a en unión con b o con c" o, expresado de manera más matemática: "Q es a unión b vel c".

§25,5,2 Cuando el móvil oficial del viaje es la exploración arqueográfica, se tomarán de todas maneras anotaciones etnográficas si el investigador es Q, incluyendo estas a las observaciones de antropología social (§17,1: a $\cup$ b). Si el móvil oficial ha sido la glotografía, Q no dejará de trabajar como etnógrafo. Viceversa, la persona contratada como antropólogo cultural, y con grado de Q, tiene el derecho de hacer estudios glotográficos o arqueográficos (b vel c), y la obligación de entregar estas informaciones a la institución que le ha costeado el viaje, salvo si la institución no maneja este tipo de datos.

§25,6 Cuando se hace solamente excavaciones, por ejemplo por estar la zona arqueológica alejada de toda población, el investigador concentrará su atención en el manejo de sus peones (y/o alumnos) y en el control (en inglés *protocol*) de la investigación.

Al igual que el etnógrafo y el glotógrafo, no se conformará con recoger material. Lo elaborará in sitū.

Lavará los tiestos rotos y enteros en el arroyo o en una pequeña acequia; en dado caso construirá una pequeña acequia y un depósito.

Ordenará *diariamente* el material lavado, y formará un muestrario de tipos representativos. Si no está completamente solo en la dirección de la excavación, hará dibujos y definirá los tipos cerámicos que vayan apareciendo. Lo mismo hará con otro objetos extraídos, salvo los que se reserven para análisis de laboratorios (que procurará no tocar directamente con las manos).

Al final del período de campo, empacará los materiales destinados a su institución y al intercambio con otras instituciones. Todo el resto no lo empacará; es un material que –evidentemente– ya habrá considerado estadísticamente en sus informes diarios y en su informe final, por lo que ha cumplido con su cometido. Es ya definitivamente basura y no tendría sentido viajar con ella: se botará.

Estando todavía en el campo, tendrá el informe preliminar hecho, aclarados y definidos los tipos de materiales encontrados.

He visto en Jalapa, en la década de los '50, una exposición magnífica realizada ocho días después de terminada la exploración de campo. Se exhibieron muestras (tepalcates), por tipos cerámicos, cosidas en grandes láminas, además de dibujos, fotos y un ejemplar del informe.

Si no se hubiera procedido en la forma recién descrita, dibujado, etc., en el campo, habría tomado doce meses de elaboración en la ciudad preparara el informe y la exposición, lo que es malgastar el dinero de los contribuyentes, o despilfarrar los recursos que podrían servir para más investigaciones. ¿Es lo que quieren hacer?

Cómo redactar artículos y otros géneros

Artículos

§26,0 Cuando se escribe un artículo, se deben tener en cuenta varios factores que determinarán nuestro trabajo. Hay que saber a qué revista se destinará nuestra colaboración.[1] Antes de enviar el artículo, es bueno saber qué persona está actualmente en la redacción, encargada de aceptar, rechazar o modificar los trabajos [posteriormente se crearon los "Comités de Redacción" en que están en el anonimato "jueces sin rostro": los dictaminadores o evaluadores]. Existen revistas que sólo admiten trabajos que ostentan la forma tratada en §23,5, otras hay que no tienen preferencia de este género, y en las más serias no faltan encargados de revisar el a menudo pésimo castellano de algunos colaboradores.

Sin tener que abandonar su propia personalidad, el colaborador debe adaptarse un tanto al estilo de los trabajos de la revista, para no romper la unidad estilística de ella. Estos, en caso de la revista tenga estilo.

Hay revistas que no admiten notas a pie de página. Hay directores que, en cambio, estiman que un trabajo sin hartas notas y citas no puede ser serio, y para rechazarlo lo más probable es que ni siquiera se den la molestia de leerlo si no ven, al final del ms., las hojas con las notas para ser impresas a pie de páginas correspondientes.

De carácter más lógico y universal, es la exigencia de que el autor debe circunscribirse a su tema, y si este es técnico, abstenerse de exhibir sus filosofías particulares. (cf. §23,4,2).

En algunos países no sólo es de buen tono hacer citas en latín, que todo el mundo entiende, sino en griego y en lenguas asiáticas (así en revistas de Europa oriental), empleando los correspondientes caracteres ideográficos o siquiera silábicos. En oposición a esta afición, las revistas que cuentan entre sus lectores y entre sus –por no entenderlo. Sin embargo, el latín es aceptado en todos los continentes –excepto en América *Latina*.

Otra peculiaridad más bien anecdótica, es que frecuentemente los semi cultos se encantan con neologismos, tecnicismos e innecesarios adjetivos derivados, que para ellos funcionan como los pantalones invisibles del rey de la fábula. Es lo que explica la popularidad de que gozan –por turno– los slogans de moda (§16,5).

Si la revista se tira[2] en papel poroso, los directores no querrán recibir ilustraciones fotográficas, por no poder imprimirse en este tipo de papel. Mientras trabajen con clichés (que próximamente desaparecerán) preferirán recibir esquemas dibujados sin sombras o esfumados, porque

---

[1]   Es el nombre dado a los artículos en las revistas de ciencia, porque han sido tradicionalmente colaboraciones gratuitas que, lejos aportar un honorario al escritor, suelen haberle costado bastante dinero.

[2]   El gremio de los impresores tiene sus propios términos: *tirar* es 'imprimir', y desde el Renaciento llaman *maculatūra* al papel manchado o impreso de un lado, que sirve para hacer pruebas o anotaciones [fuera del gremio lo bautizaron a fines de siglo XX como papel de "reciclaje"].

el cliché de línea cuesta menos que el cliché de medio tono. Hay casos en que algunas revistas mal subvencionadas sólo aceptan ilustraciones si el autor paga su costo. Conforme se vayan generalizando los sistemas de repulsión de agua (acuamático, óffset) la situación descrita se irá modificando porque para la fotomecánica cuesta lo mismo hacer las láminas con texto que con ilustraciones [y el empleo del escaneador y de microprocesadores domésticos es otra innovación que abarata la producción].

§26,1 Todo trabajo destinado a ser publicado en una revista general de altura (como las *Folia humanistica* de Barcelona), revistas de antropología o las universitaria que graciosamente llaman boletines, debe cumplir con algunas exigencias universalmente aceptadas.

Debe tener una justificación, esto es, una razón por la cual va a quedar insertado en la revista. Esta razón no puede ser sino la información científica: se hace saber al lector un hecho científicamente observado y estudiado. Si no cumple con este requisito, no es artículo.

Es innecesario decir que todo trabajo tendrá un principio, un desarrollo y un fin estilísticamente reconocibles, pues esto se aprende en la escuela primaria o, a más tardar, en la secundaria.

En antropología se estila numerar las secciones de los artículos (véanse ejemplos en §23,5). Si la primera sección no entra mediãs in rēs, recibe el número 0. Si el trabajo es largo, la última sección será un resumen del tema desarrollado y de los resultados obtenidos.

Antiguamente había personas deseosas de aumentar su prestigio en provincia, mediante nutrida lista de títulos publicados. Hoy ya no prevalece este criterio en forma tan simple. Interesa saber actualmente qué clase de trabajos son los que un autor presenta en su hoja de servicio y de cuántas páginas −además de interesar en qué revistas fueron publicados. ¡Las notículas de una página y los artículos publicados en diarios, no se deben mencionar en el currículum vitæ!

Se recomienda dar a los artículos un extensión de 12 a 15 cuartilla de tamaño carta −el DIN A4, es un poco mayor− a renglón abierto (=renglón y medio en las máquina de escribir mecánicas), sin contar las notas, que siempre van aparte. Cada párrafo nuevo debe ir sangrado (de una a tres letras), y sin líneas blancas entre los párrafos. Trabajos mayores de 20 cuartillas no son del agrado de los lectores; trabajos menores de 10 no se justifican generalmente. [Los artículos digitados en PC, deben hacerse en tamaño de una cuartilla, empleando New Times Romnn de 10 ú 11, con márgenes de 2.5^{cm} en cada lado.] Si estos criterios son justos o no, está fuera de discusión aquí; son los conceptos que rigen en las jefaturas o redacciones de las revistas.

§26,2 Las colaboraciones se entregan escritas máquina, a renglón abierto y dejando un margen de aproximadamente tres centímetro en cada lado. [Ahora los editores exigen no sólo el envío de varios ejemplares, que el autor saca como xerografías, sino, además, un disco compacto o un míni Cedé en que esté grabado en texto.]

Los títulos y subtítulos no se escribirán nunca con mayúsculas. Dentro del texto se será parco en el empleo de las mayúsculas, sin embargo, se pueden emplear abreviaturas o siglas conocidas, como ADN UNICEF, en VERSALITAS, que son mayúsculas de menor tamaño, pero no se recomienda inventar abreviauras nuevas. Las citas cortas se incorporan en las líneas del texto; cuando son largas iniciarán un párrafo nuevo, que irá sangrado del lado izquierdo pero alineado del derecho. Las citas cortas dentro del texto se entrecomillan. Por estar suficientemente destacadas las largas (que pueden ser impresas con menor altura de las letras), no necesitan de comillas. Cuando uno quiere destacar una parte del texto que si cita, se le subraya en el mecanoescrito, lo que la imprenta interpreta como "¡emplear cursivas!" Cuando en una cita se quiere hacer notar una peculiaridad, como por ejemplo un error garrafal, se le agrega entre corchete [sic] (de latín sīcut 'así). El corchete se emplea no sólo para interpolaciones así, sino para "interpolar un vacío", o sea, que se demarca así un espacio en que uno se salta una parte de ese texto ajeno. La abreviatura *op. cit.* significa opus citatum 'obra citada'.

Debe informarse al lector el año en que fue publicado un trabajo, y otros datos que son necesarias para que el lector pueda consultar personalmente ese texto. No le es de ninguna utilidad saber si la editorial era Ltd., Incorp., S. de R. L. o S.A., por lo que no se transcribe esta información, pero sí debe saber en qué ciudad fue hecha la edición. Cuando se escriben reseñas, conviene además indicar el precio.

§26,3 Las colecciones de "matrices" de un mismo tipo que emplean las imprentas en caliente para fundir los "lingotes", se llaman "familias" en español, pero se ha impuesto el nombre de "fuentes" (equivocada traducción del inglés *font* < *fount*, plural *fonts*, que deriva del francés *fondre* 'fundir' y no del latín *fons*, *fontēs* 'fuente', 'fuentes'). Las fuentes de linotipo se guardan en magacines con compartimentos que se colocan en la parte alta detrás de la máquina. En los ordenadores o micros, que son de imprenta en frío, las fuentes vienen de fábrica en el soft-ware, pero a veces hay que adquirir algunas adicionales.

Tanto en la imprenta "en frío" como las "en caliente", existen todas las especialidades. Y aunque comprensiblemente las imprentas menores no la hayan adquirido todas, no hay que tener inhibición para exigir el empleo de las más sencillas, como: § | √ æ œ ¢ ß ≠ β å ä ã č ř š — { } ~ → ↔ ↕ ⇒ ≈ ← ↓. En los micros hay en todas las fuentes š, Š, č,

Č, ž, Ž, etc. A partir de Word 2000 se están corrigiendo las múltiples deficiencias de sus fuentes no latinas. Es recomendable adquirir la Doulos-SIL del benemérito Instituto Lingüístico de Verano.

§26,4 En nuestros escritos, el lema debe ser «Quiero fer una prosa en román paladino | en el qual suele el pueblo fablar a su veçino» ‒aunque sin los barbarismo que pueden circular entre el pueblo.

La redacción de los trabajos debe hacerse en un lenguaje llano y fluido, cuyo resultado estético será como en los acueductos romanos: no se busca sino que sea funcional, pero con ello se obtiene automáticamente elegancia. Evítense adjetivos derivados y otras palabras de moda: además de ser feas con ganas, suelen ser completamente innecesarias. Si el lenguaje que empleamos en escritos «humanistas» es entendido por nuestra abuela, no pierde por ello altura científica pero gana mucho en calidad «humana».

Se evitarán anglicismos (mouse por ratón, sidí por disco compacto, pánel por panẹl), palabras sin contenido, adjetivos y adverbios innecesarios (como justamente, cuando nada tiene que averiguar ahí lo justo ni lo injusto) o inclusive inexistentes galicismo recientes (imbricado por entrelazado o complicado, conformado por constituído, integrado, compuesto o simplemente formado, el sustantivo el imaginario y las redundancias, pues son vacíos de información. Ese palabrerío puede ser una característica profesional de otros, pero no es admisible entre científicos. En el corto ejemplo que sigue, sobran siete palabra

> Con respecto a las etapas de este viaje, estas pueden realizarse eligiendo como final de las mismas a las localidades de…

Independientemente de que es menos austral decir "con respecto de", esta prosa es tan terrible que es posible que el lector no haya podido entender con una primera lectura qué es lo que quiso decir su autor. Pero quitando la redundancia ($^7/_{20}$) de las palabras que no tienen información, ya se entenderá de inmediato:

> Las etapas de este viaje pueden
> realizarse eligiendo como final las
> localidades...

La misma redundancia, o sea, la misma carencia de información, se encuentra constantemente en un libro de estilo totalmente no mejicano, que publicó la editorial JUS en 1969. En su página 43 inicia un capítulo nuevo con una secuencia de 20 palabras de las que sólo 7 tienen sentido: «En cuanto a la escultura, cabe decir, por lo que se refiere a la caldea, que tuvo un desarrollo escaso». Debió haberse escrito: «La escultura caldea tuvo un desarrollo escaso».

[Parece que el escribir $^7/_{20}$ palabras nulas fue auténticamente moderno cuando se hizo este §26, o sea, que era una moda. Y como, además de insensata, toda moda es transitoria, ha dejado de tener tantos seguidores en los decenios siguientes –al grado de que hace tiempo no me he topado con este absurdo, lo cual me es muy grato– pero ¡cuidado con los absurdos nuevos!]

§26,5 Si no se tiene dominio suficiente del idioma castellano, cosa que fácilmente ocurre en descendientes de personas que no hablaban esta lengua, se debe corregir este impedimento con un remedio casero muy sencillo: antes de ponerse a redactar léanse unos capítulos de obras clásica castellanas. Léase la picaresca española, por ejemplo.

Nuevamente: se evitarán la cursilería, los adjetivos innecesarios, los superlativos (como "supremamente"), el uso de palabras rimbombantes y gastadas por el uso diario en los periódicos, lo mismo que las muletillas, así como lo slogans y las palabras de moda.

Si no se ha estudiado por lo menos cuatro semestres de filosofía y no se está escribiendo un trabajo que requiere de la precisa terminología de esa disciplina, más vale no emplear grecismos como, por ejemplo, los delicados términos «lógicamente» y «problema». Si el estudiante está estudiando Análisis del discurso –Escuela francesa especialmente proclive a inventar palabras– no habrá más remedio que obedecer a los profesores pero, una vez graduado, lo mejor que se podrá hacer, es echarlas todas a la cesta.*

§26,6 Antes de mandar el artículo a la revista o de leerlo en un seminario (§22,5) se aclarará el sentido preciso no sólo de grecismos, sino de todo término empleado, consultando un diccionario de filosofía y otros especializados. Se evitará el ridículo inventando palabras griegas imposibles e incomprensible como «plectógeno» o «skeiomorfo».** Se procurará no pluralizar palabras originalmente terminadas en -ική (v.gr. cerámica), ni las que de por sí indican una pluralidad de objetos (basura, vestimenta, la juventud, maquinaria, ropa, calzado, gente, cupo, ganado, trigo, agua y también costa cuando el país no tenga sino un mar). Se consultará en el diccionario de la Real Academia. [Se recomienda conseguir un ejemplar de uso −de una edición vieja, como la 16ª− por dar las etimologías escritas en el alfabeto original, por ser más barato y por contener las palabras que realmente son de la lengua. Cuando está uno tentado de emplear un término de un autor (o traductor) austral más vale no copiar −pues puede ser una invención suya, un extranjerismo o un arbarismo.][3]

Si se transcriben, en forma de cita, oraciones con ese tipo de palabras, se pone *en todos los casos* −así sea 20 veces en una página− un [sic!] detrás del vocablo indebidamente pluralizado, mal empleado o imposible.

Reseñas
§26,7,1 Lo que se acaba de decir los artículos vale también para las reseñas o recensiones. También éstas tienen una función precisa y una forma básica común:

La finalidad o razón por la cual insertamos un reseña en una revista es doble:

➢ informar acerca de una obra interesante para nuestra disciplina,
➢ hacer las observaciones críticas que merece.

El primer aspecto es satisfecho con el encabezado de la reseña y con lo que el reseñador nos refiere del contenido de la obra. El segunda

---

* Como decía en Cali el maestro Luis A. Baena: «esto es pura basura».
** [Recuérdese que este curso fue escrito para argentinos −ellos entienden a que se refiere esta crítica.]
[3] Como: plectógeno, miscegenación, skeiomorfo, ceramio, relicto, enterratorio, conversatorio, herbativo, esclavatura, salvataje, rescate (=recuperación, salvamento), pedazo de tejeduría, munido, conformado, playo, autoral, editorialicio, grasitud, copado, entorno [de los que sólo los dos últimos no los subraya de rojo el Windows 98]. .

aspecto es la medula de la recensión: una discusión de contenido y de la forma de la obra.[4]

§26,7,2 Si nos envían una reseña que no contiene crítica, *no debe ser publicada* por no cumplir con su función de informar y de poner sobre aviso a los colegas.

No se publicará simples loas, a menos que la revista tenga una sección dedicada a las alabanzas que sea independiente de la sección de las recensiones. No existe ninguna obra perfecta, en consecuencia todo trabajo escrito es susceptible de ser criticado.

En muchos medios, la designación «una crítica» equivale a decir "análisis ecuánime de defectos y de ventajas" de una obra. Como efectivamente es raro que una obra sea totalmente inútil (he conocido una sola así en mi vida, que versaba sobre folclor español), el reseñador dedicará sus líneas finales a poner de realce los aspectos positivos, o por lo menos el campo reducido en el que la obra reseñada pudiera llegar a ser de utilidad. Quedan proscritas expresiones como «Ésta es la obra que esperábamos...» o «Viene a llenar un vacío largamente sentido...» y, claro está, no se empleará la palabra «importante», pues hay maneras menos trilladas de expresar nuestro aprecio.

§26,7,3 Transcribiremos a continuación una reseña de tipo suave y halagador más que de tipo crítico. El reseñador procuró demostrar que ha leído el trabajo;[5] da aportaciones al tema y termina con votos de éxito. Ahora bien, como todo escrito puede ser criticado, podemos hacerle observaciones a sus observaciones:

Hay una error de imprenta en esta reseña: falta la palabra *que*, que en la transcripción supliremos poniéndola entre corchetes. Falta la indicación de cuantas pp. (páginas) tiene la obra reseñadas. Falta también el precio, que es un dato tan interesante para todo presunto comprador −pero esto de debió posiblemente a que fue omitido en la tapa o en la solapa del libro. El reseñador (del hemisferio norte) parece haber ignorado que en Argentina se hace una distinción fonética y semántica entre yerba y hierba, diferencia con la cual el idioma de ese país se distingue fonemáticamente del castellano. Debe haber consultado una fuente insatisfactoria que le dió el vocablo ura, desconocida en La Rioja, con el sentido de 'gusano', lo que le indujo el error de considerar

---

[4]   Por ejemplo, la forma de la carátula de una obra cientfica debe ser sobria y en ella están fuera de lugar extravagancias como **Lenguaje***, con extraña 9 y con misterioso*.

[5]   Hay reseñadores y prologuistas de cuyo palabrerío carente de información se obtiene la impresión de que ni siquiera han leído la obra que comentan o −más frecuente− que no captaron sus aportes.

que ahí estaba el étimo de uraco. En realidad, que yo sepa, no hay ningún gusano de nombre ura en el noroeste argentino. La raíz de uraco es ur 'abajo' (para más singéneas, véase §IV,2 de mi estudio de 1968, ampliado en 1969, *El quichua meridional y su influjo en el español criollo*, publicado en Cali en 1984).

> Julian CÁCERES Freyre, *Diccionario de regionalismos de la provincia de La Rioja*; Buenos Aires, 1961.

Contiene voces regionales y expresiones típicas del habla popular de La Roja, Argentina. En una advertencia de 7 páginas, el autor da algunas explicaciones sobre la metodología empleada y agrega una clave para las abreviaturas. Desgraciadamente, no explica el valor de las letras en palabras quichuas. Explica todos los quichuismos que le parecen comprobadamente de ese origen, pero no señala ni siquiera como probables quichuismos un sinnúmero de palabras que sin lugar a duda son de ese substrato. No puedo entender por qué la voz chunca ha de provenir de quichua chaka, ¿de dónde salió la consonante nasal en el español local? La palabra uraco 'agujero' y 'gusanera u otra herido profunda' está sin explicación etimológica, pero visiblemente proviene de ura 'gusano', que no registra este Diccionario, posiblemente por no ser usual en La Rioja; pero no habría sido por demás dar el étimo y evitarnos así pensar en port. buraco. Aplaudo que al autor escriba hierba en p. 193, ya que herbívoro lleva hache; lástima que en p. 196 reincida en la fea grafía yerba. La variación puixcana ~ pujcana, teste ~ tejte es comparable con la misma variación de sibilantes con fricativo postpalatal que señalé [en este mismo tomo] en la reseña del libro sobre el pipil de Los Itzalcos y que existe en el pipil de Acula, Oax., ¿Trátase de un fenómeno panamericano de amplio substrato y reflejado en ambas lenguas? La palabra melga es usada también en Méjico. La expresión hacerse perdiz se usa aquí como hacerse perdedizo, en cambio, la maltratadura en los lomos de las bestias de carga ha sido reducido entre nosotros a una matadura. La palabra poxco 'podrido' se parece a nuestro bonito apoxcahuado 'enmohecido'. La expresión Dos tetas valen más que cien carretas es más claridosa entre nosotros: Jalan más dos tetas que cien carretas, y se emplea cuando un varón es "jalado" por el interés hacia una mujer. Tales expresiones paralelas han de deberse a un común origen hispano. El pixcocuraca es "el rey de los pajaritos" dice el libro; muy bien, pero quisiéramos saber si se trata de un ave de verdad o de un personaje mítico, digamos de un señor específico de los animales, tan frecuente en América del Sur. No sé si el verbo trugir es un arcaísmo, pero sí es muy bonito. En Méjico usan truje, trujo; se me antoja que "truje" es forma analógica con hube < hobe < habui, supe < sope < sapui, de donde el cambio traje > truje, lo [que] obligó a: traher > trujir.

El libro ha sido hecho con más criterio folclorológico que glotológico, lo que seguramente repercutió en la calidad de las definiciones tecnológicas del autor. Libros de este tipo son en general la cosecha de diez años de andar por los caminos de los arrieros y de convivir con el bajo pueblo rural en fondas y ventas. Son labores glotográficas que requieren de larga dedicación y de más paciencia que de conocimientos filológicos, por lo que todo lingüista con poca paciencia aplaudirá el esfuerzo del profesor Cáceres por su aporte, y se suscribirá a mi deseo de que las universidades locales de América Hispana, y los gobernadores regionales estimulen la confección de obras de este género.

La reseña que sigue parece más bien un resumen. Es posible que haya crítica de la obra reseñada, pero de ser así, sólo el autor del libro y muy pocas personas más podrán notar la intención. Autor y reseñador parecen totalmente concordes. Nos describen dos panoramas. Uno antiguo y otro presente o futuro, y demuestran una postura crítica ante el segundo. Esta actitud altamente crítica salva a la reseña: no es una simple nota y una alabanza, sino una información con una llamada de atención:

R. A. M. van ZANTWIJK, *Servants of the Saints, The Social and Cultural Identity of a Tarascan Community in Mexico* (Non European Societies, 7),XV + 304 pp., in 8°, con 16 pl., 5 mapas y varios dibujos. Assen, 1969, editorial Van Gorcum. Precio: Gld. 33,50, empastado.

Este estudio de antropología social fue emprendido para conocer las causas que habían hecho fracasar los intentos de antropología aplicada en la región de Pátzcuaro (Méjico), llevados a cabo por la organización CREFAL, de la UNESCO, entre 1960 y 1963. La investigación condujo a la revelación de un intrincado sistema social y de valores culturales, en una sociedad bien integrada en sí, pero dotada de algunos elementos que dificultan su progreso económico.

El estudio no se ha limitado a la simple descripción sincrónica, es decir, al estado actual, sino que se propuso revelar los elementos autóctonos de cepa prehispánica. Es la primera vez que nos es presentado el cuadro de la organización social de los antiguos tarascos, aporte que habrán de apreciar los etno-historiadores. Al mismo tiempo, contamos con *Servants of the Saints* con investigación modelo, realizada en un grupo contemporáneo.

El libro está ilustrado con fotografías, planos, gráficas. Consta de nueve capítulos y un apéndice: [aquí omitiré la transcripción del ello, por no ser de interés para nuestro análisis de lo que es reseña].

[Y omitiré el resumen que el reseñador hace de la antigua organización social y de sus orígenes poli-étnicos.]

Este sistema tan complejo ha sobrevivido después de la conquista española en el nivel macēhual, o sea, entre los labriegos indios de la actualidad, obviamente, no sin algunas modificaciones. En los últimos tres o cuatro siglos, el sistema se ha concretado, reorganizado, reequilibrado. Es un sistema que funciona, sin que haya datos acerca de conflictos internos. El sistema es perfectamente funcional si la sociedad permanece en su estado económico actual, pero contiene elementos que son incongruentes con el atesoramiento necesario para inducir una mejor productividad, que permitiera a la comunidad y a sus miembros equiparar ventajosamente su situación con la de las comunidades mestizas circunvecinas. Ahí están, por ejemplo, los gastos exhibitivos durante las fiestas patronales, Mas, estos gastos sólo lo expresión de algo. El etnólogo estudiará en qué medida este "algo" puede ser dotado de una expresión distinta, lo que conducirá. finalmente, a una intervención operativa en la sociedad. Es en este punto donde no sólo fracasa el CREFAL, sino muchos intentos de applied anthropology más.

En el caso tarasco, el conocimiento de la estructura precolonial ha sido necesario para realizar mejor el estudio de la estructura social actual. El conocimiento de esta última es imprescindible para la operación quirúrgica que el gobierno pretenda. Se trata de sustituír un elemento que es considerado negativo, por un elemento que es considerado positivo o por lo menos neutral -una especie de ingeniería genética. Al realizarse la poda, debe evitarse que se destruyan innecesariamente elementos contiguos, porque posiblemente se desequilibraría a la sociedad, a menos que ésta se oponga de antemano a la acción negativa que los forasteros intentan.

Podemos proponer, tal vez, una nueva ley a los investigadores sociales: «Toda acción rechazada por la comunidad, es una acción basada en premisas falsas».

No se deben causar trastornos en el sistema existente, ni debe destruírse, sino al contrario, injertar en él los esquejes nuevos traídos desde fuera. No es cuestión de borrar diferencias entre comunidades vecinas (por ejemplo entre indios y mestizos) destruyendo estructuras y sistemas de valores: «As long as such an Indian minority remains economically weak, cultural differences is a favourable factor. Therefore directors of development projects should not aim at eliminating a community's identity as quickly as possible» (p. 256).

La tercera reseña que reproduzco es de un tipo muy frecuente. El autor, además de informar y de criticar, da un aporte personal al tema, o también toma la obra reseñada como punto de partida para discurrir sobre un tema conexo:

WILLIAMS, J. & Lynette, F. OATES, *A Vocabulary of Central Cagayan Negrito*, Summer İnstitute of Linguistics, Manila, 1955.

Este vocabulario de poco más de 900 artículos (entries) es una muestra más de la incansable labor del Instituto Lingüístico de Verano, organización que se puesto por misión estudiar las lenguas aborígenes de Hispanoamérica y de las Filipinas y de otras tierras del Pacífico, con el fin de poner el conocimiento de ellas al servicio de la occidentalización institucionalizada.

Los negritos de Cagayán viven en número de 300 en la parte norte de la isla de Luzón. Su idioma y los demás del archipiélago fueron antiguamente dialectos mutuamente inteligibles, pero el desarrollo que cada uno de esto ha sufrido en el transcurso del tiempo los ha transformado en idiomas cuyo parentesco salta a la vista, mas cuyos hablantes no se entienden sin intérprete.

El vocabulario recogido por lo esposos Williams-Oates durante su estancia de siete meses en el Valle de Cagayán, tiene el interés de incluír un gran número de términos de la cultura local, por esencia conservadora, lo que puede resultar una seria ayuda para etnólogos interesados en tecnología del Pacífico. Algunas ilustraciones hacen que la lecturas del *Vocabulary* resulte atractiva a cualquier estudiante de etnología. Al igual que los demás del İnstituto regional (por ejemplo el Mindanao, el Dibabbao-Mindaya de Mindaya, el İfugoa de Gunhang), se ha sustituído la parte inglés-idioma nativo por un índice. Estos índices tienen la peculiaridad de no dar la traducción del término inglés, sino de remitir al consultante sea a la página en que puede encontrarla, sea a la palabra nativa que encabeza el grupo de palabras en que se encuentra el término buscado. Esa manera de formar diccionarios chicos ahorra espacio y costo, y tiene la ventaja de hacer ver al lector posibilidades de expresión que de otra manera no habría encontrado. Después de las voces en negrito, se halla entre paréntesis la traducción al tagálog. Antecede al vocabulario un prefacio que sitúa el fenómeno en estudio y que da la clave a la escritura empleada.

Se explica que ng es fonema único (nasal postpalatal: ŋ), que z es una ese posterior (ş), que f y v no son labiodentales sino bilabiales, que el fonema ? se representado con q, que la r es un vibrante múltiple que en el habla rápida se vuelve sencilla (a single flap). Se indica que existen las variaciones r ~ h y k ~ ? en «algunas palabras». Las vocales largas se escriben dobles, y el acento no es marcado en forma alguna. Estas breves indicaciones constituyen toda la explicación fonemática, justificándose la parquedad diciendo que «todos los demás sonidos se pronuncian como sus correspondientes en la lenguas nacional filipina».

Cabría censurar este laconismo. Pues sin bien es cierto que teóricamente los 450 ejemplares de la edición del *Vocabulary* se destinan principalmente a los negritos, la realidad es probablemente que de los 300 individuo de esa etnia no haya sino un 10% capaz de leer o de interesarse en la lectura del libro hecho con tanto cariño para ellos. Los interesados no estamos viviendo en las selvas situadas al sur de la desembocadura del Cagayán; muchos ni siquiera en las Filipinas: la obra del İ. L. V. tiene un alcancen mucho más amplio que el aparente del territorio tribal. La "lengua nacional" a que se aludió, es el tagálog, esto se desprende de los párrafos anteriores. Per ¿cuál es el fonetismo tagala al que nos remiten para la pronunciación de los vocablos en negrito?

La ocurrencia de escribir el oclusivo glotal ? con la letra q se debe seguramente a la variación k ~ ? de «algunas palabras» en negrito. Pero en vista de que en las restantes lenguas de Filipinas el İ.LV escribe esto sonido con gravis (como lo hicieron los franciscanos en la Nueva España al emplear el "acento saltillo" para el náhuatl), habría sido mejor seguir esta misma costumbre también para el negrito. Por otra parte, en el propio *Vocabulary* se emplea este gravis al citarse las voces tagalas incluídas entre paréntesis «in the hope that those using this vocabulary will ultimately become literate in the National Language», de manera que el lector indígena leerá: HILAQ (dilà) Tongue; TAGUQ (tagò) Hide, put out in sight; PAADIQ (parì) Priest.* En todas estas palabras apenas si haya diferencia entre la voz negrito y la voz tagala, la única diferencia notable está en la ortografía.

Con el fin de no distraer innecesariamente al lector aborigen, el Vocabulary se abstuvo de marcar el suprasegmental acento, pues éste cae «generalmente en la última sílaba». Su duda se le ha hecho un considerable favor al lector negrito, pero ninguno al lector extranjero, quien se pregunta desesperado ¿cuáles son las palabras en que no cae en la

---

* La palabra escrita PAADIQ 'Padre' se pronuncia pa·dí/.

última y en tales palabras ¿dónde cae? Nada nos dice el libro al respecto, pero ¿no habría sido posible y gentil marcarnos las "excepciones", como se hizo en el *Ifugoa Vocabulary* del mismo instituto, que siquiera marca los pares con diferencia mínima? No sólo a los lingüistas, sino hasta a los filólogos habría interesado saber cuáles son las palabras negrito que no son oxítonas, y qué régimen acentual tienen.

De poseer estas indicaciones, el filólogo del español podría intentar estudiar los castellanismos en negrito y establecer las capas de edad a que pertenecen (las épocas en las cuáles penetraron al negrito). Podría ver también si estos préstamos entraron directamente o si emplearon un idioma puente. Si se tiene conocimientos o siquiera un diccionario del tagalog, hay manera de encontrar datos en esta línea. Con la comentada falta de datos fonéticos, tal empresa es imposible, pero de todas maneras quiero ofrecer la lista de préstamos observados, y hacer algunos comentarios.

Terminan en oclusivo glotal (que transcribiré con ?) las siguientes palabras; bandyo? 'banjo' (¡o es del inglés?), balsa? 'balsa', boda? 'boda', bolsa? 'bolsa', goma? 'hule, caucho', kabayu? 'caballo', la·tta? 'peltre', makanilya? 'máquina de escribir', pa·di? 'cura', salu·do? 'saludo', tarabako? 'trabajo'.

Terminan en vocal: dinero (que coexiste con piha·k ~ pira·k) 'dinero', gitara 'guitarra', huplano 'avión', iskolta 'tienda', kalapante·ru 'carpintero', kaluba·sa 'calabaza', kamasi·ta 'camisola', kalne·lu 'borrego', kuttiara 'cuchara' o 'tenedor', lebru libro', loko 'tonto', ma·ki·na· 'máquina de coser', medyu 'de mediana calidad', pa·la 'pala', sinsilyo 'moneda menuda', tyenda 'tienda'.

Terminan en consonante: bilyo·n 'veinte centavos', biyernes 'viernes', dyulin 'violín', ga·ra·d 'arado', gustun 'suficiente', hapo·n 'japonés', karon 'cajón', kasa·dun 'casado', kuwebis 'jueves', laba·has 'navaja de rasurar', la·pis 'lápiz', lunis 'lunes', mait 'maíz', martis 'martes', miyerkules 'miércoles', oras 'tiempo', la hora', papel 'papel', passya·r 'pasear', pinto·r 'lápiz de cera, crayola', ra·banus 'rábano'.

De estas palabras son préstanos dudosos bandyo?, que posiblemente viene del inglés, e iskolta? que tal vez no deriva de 'escolta'. Como posibles préstamos quedan además: pala·tu 'rifle' (< plato, cf. en alemán Pfanne 'platillo donde se ponía la pólvora' en las primeras armas de fuego), derikdik 'horcón esquinero' (< derecho?, cf. "pie derecho" = "morillo" de madera en andamio).

Algunos de los cambios consonánticos sufridos por las palabras castellanas al penetrar al negrito se explican con facilidad: karon < cajón y huplano < aeroplano son formas que se deben a la variación h

~ r (como en paha ~ para, pahala ~ parala 'todavía', pahuba·n ~ paruban 'tratar de', tunha·d ~ tunra·d 'seguir a').

La palabra mait 'maíz' se explica por la ocasional correspondencia del una -s tagala con una -t negrito. (Como en ma·mit 'dulce', que es matamis en tagálog; ialit 'mudar' que es alis; busit 'preñada' que es buntis; esta alternancia se encuentra también en posición inicial; toli? 'volver' es sauli? en tagálog; mata·ma 'sin padre' que es utila sa amá. También se halla en posición intermedia: futu? 'corazón' que es pusó?.)* La palabra mait, que en realidad es maít sugiere fuertemente que entró al negrito a través del tagálog maís que viene del español «maíz», y nos sugiere que el idioma puente, de cuya existencia sospechábamos al principio, sea éste.

La consonante vibrante en gitara < guitarra no merece mayor comentario en un idioma que tiene una sola r de la cual, además, se nos dijo que fácilmente se pronuncia larga.

El hecho de que palabras con dos líquidas iguales en español (carnero, carpintero) hayan vuelto lateral a la primera, puede deberse a disimilación ocurrida ya en la Península ibérica (cf. celebro por cerebro, en Cervantes). La g- en gustun < justo, puede deberse al intercambio g/j y j/g que se presenta en el habla de algunos gallego. La -n de gustun y kasa·dun, se encuentra en ambas palabras después de u antecedida de consonante dental o alveolar, y aunque no sé por qué había de crearse en esas condiciones el remate nasal (cf. salo·du?, con ? agregado), hay que señalar el hecho. La fuente de los castellanismos pronunciaba la "elle": makanilya?, sinsilyo.

Aparentemente la vocal átona en «maquinilla», «carpintero», «camisita» y otras, como «calabaza» llegó con muy poca claridad a Cagayán, por lo que la sílaba pretónica tomó i cuando la tónica tiene vocal frontal, y u cuando la tiene posterior o central baja.

Se observa que varias palabras tienen cantidad vocálica ahí donde en castellano tiene acento.

Originalmente agudas en español: bilyo·n, passya·r: Originalmente esdrújulo: ra·banus. Originalmente graves: biye·rnes, hupla·no, kalapante·ro, kamasi·ta, kalne·ro, kaluba·sa, kasa·dun, laba·has, la·pis, la·tta, pa·di? < padre, salo·du?, taraba·ku?.

Como se ve, una obra misionera realizada en una selva asiática , puede llegar a tener interés para disciplinas lejanas y practicadas en latitudes remotas. Por lo que resulta recomendable para todos los

---

* La palabra futu/ empieza en realidad con p, lo que hace ver mejor su parentesco con pusó/.

investigadores de campo uniformar sus informes científicos tanto en lo que toca a los términos y a los signos, como en lo que respecta al tipo de datos que tengan a bien proporcionar.

Evaluaciones

§26,8 A los investigadores puede llegar la solicitud de un Tribunal de Escalafón o de una revista, para que funja como evaluador o dictaminador de un trabajo escrito. Al hacerlo, el evaluador evitará en primer lugar plantearse la egocéntrica pregunta de «Si fuera un trabajo mío, ¿cómo lo habría escrito yo?». Mirará el trabajo ajeno atendiendo los siguientes puntos:

1   autor: N. N. (al evaluador se le oculta el nombre del autor);
2   título;
3   ¿el título corresponde al contenido?;
4   si tiene prólogo, ¿corresponde al contendido del libro?
5   tipo de obra;
6   su tema general;
7   ¿está bien estructurada la secuencia de los capítulos?;
8   público al que se dirige;
9   descripción "física": prólogo, de cuantos capítulos consta, y si tiene ilustraciones;
10   de que "ayudas" al lector consta o si por su índole no hacen falta algunos de ellos (como glosario, organigrama, índices analíticos o bibliografía al final); si le parece que debiera agregársela algunas "ayudas": ¿cuáles?;
11   valor informativo; en caso de reedición: validez avalada por los editores anteriores;
12   si los datos están al día;
13   si el autor sólo transcribe hechos o si hace aportes fácticos y conceptuales propios;
14   si está en buen castellano, sin extranjerismos evitables, o si le parece necesaria la intervención de un "corrector de estilo";
15   si es para reedición, ¿qué aditamentos necesitaría (comentarios, notas entre corchetes, etc.)?;
16   si es para simple reedición textual, ¿por qué hacerla así?;
17   si la obra le parece insatisfactoria para una editorial universitaria, decir por qué;
18   si recomienda su inmediata publicación, ¿por qué?;

19 si la consulta fue hecha por el Tribunal de Escalafón y se le pide
calificar la obra dentro de una escala numérica, indicar la razón del
guarismo escogido.[6]

Prólogo o Presentación

§26,9 Otro género literario diferente, son las palabras introductorias
o preliminares para una obra que un autor solicita a un colega
experimentado en la profesión.

En los prólogos no debe haber ni notas a pie de página ni lista
bibliográfica. Las menciones de este tipo que sean indispensables, se
incorporarán en el texto

Prólogo o Presentación

§26,9 Otro género literario diferente, son las palabras introductorias
o preliminares para una obra que un autor solicita a un colega
experimentado en la profesión.

En los prólogos no debe haber ni notas a pie de página ni lista
bibliográfica. Las menciones de este tipo que sean indispensables, se
incorporarán en el texto. Veamos a continuación un prólogo que hizo a
mis *Cuentos de Anáhuac* Y. Sandoval Saavedra para la edición de 1974,
de Barcelona.

La recopilación de cuentos folclóricos mejicanos no ha sido
pródiga hasta ahora. Las versiones publicadas representan una mínima
proporción dentro del área extensa que Méjico abarca.

La mayor parte ha aparecido en inglés en la serie de las *Texas
Folk-Lore Society Publications* que edita la Sociedad Tejana de
Folclor, y no siempre con el rigor científico que dé garantías suficientes
para aprovecharlas en estudios de narrativa popular de acuerdo
con los nuevos métodos de investigación. Más aún, los meritorios
compiladores no se han detenido a fijar con claridad la procedencia
criolla o indígena de los narradores.

Las narraciones aborígenes, en cambio, han merecido una
atención predominante de los investigadores. Konrad Theodor Preuß
(1912) y Franz Boas (1912) primeramente y más tarde Pablo González
Casanova (1922 y 1946), Walter S. Miller (1967), Anne Dyk (1959) y
Rubey Aiken (1964), entre otros, han dado a conocer sistemáticamente
el repertorio narrativo de los diversos pueblos aborígenes de Méjico.

---

[6] Tomando en consideración si hay novedades metodológicas o si se trata de un
trabajo de "sistematización" de lo conocido. Considerar que un trabajo publicado en
una revista científica goza de un buen aval y que tiene mejor distribución en el gremio
que un libro editado por cuenta del autor o de su institución.

La colección de cuentos que entrega ahora el investigador mejicano Juan A. Hasler y que es objeto de estas palabras preliminares, continúa la línea de los investigadores antedichos. Los textos que nos ofrece son una preciosa contribución para el conocimiento del tipo de narraciones que circulan entre los campesinos que no son de habla castellana, recogidos con buen criterio académico por quien está preparado para ello. El señor Hasler había estudiado en Méjico las carreras de antropología social y cultural así como Lingüística descriptiva; y tiempo después obtuvo el triple doctorado en la Universidad de Colonia, Alemania, con mención en Etnología, Lingüística y Fonética.

Estos *Cuentos orales de Anáhuac* fueron narrados por informantes indígenas hablantes de diferentes idiomas. Su lectura nos sitúa en un ambiente mejicano que el autor llama «del México antiguo» y que, por ser antiguo, él escribe con equis, de creencias, usos y costumbres, y dentro de un marco geográficos de fauna y flora peculiares, en especial en las narraciones que desconocen paralelos en otros países (piezas narratorias 2, 10, 13, 16 y 21), los que entrelazan motivos prehispánicos con motivos de la tradición española (número 1 y 14) y el que contiene episodios encadenados, que ya han sido registrados en otras regiones de Hispanoamérica (número 20)

Dieciocho cuentos de la colección pertenecen al patrimonio internacional de cuentos populares, pero su adaptación al medio, los influjos religiosos indios o criollos, la *combinación* de diversos tipos de cuentos o la *contaminación* con motivos extraños a los episodios esenciales, dan a las versiones un carácter singular. Así, por ejemplo, y usando la terminología de von Sydlow, el número 4 es un *ecotipo* de "El puente que conduce al otro mundo" (clave 613 de Aarne, Anntti y Stith Thompson).

A continuación intentaré la clasificación de las versiones que tienen origen hispánico indudable o que, por su difusión en América, inducen a creer en esta procedencia. La bibliografía empleada al efecto es: AT = Aarne, Antti y Thompson, *The types of the Folktales: A classification and bibliography* («Folklore Fellows Communications», N° 184), Hélsinki, 1961; Hansen = Hansen, Terrence Leslie, *The types of the folktales in Cuba, Puerto Rico, the Dominican Republic and Spanish America*, Berkeley y Los Ángeles, 1957; Thompson = Stith Thompson, *Motif index of folk-literature*, 6 vols. Copenhague y Bloomington , 1955-1958.

N° 8 = AT 471. N° 9 = cf. AT 471. N° 11 = AT 313 A. N° 13 = AT 613. N° 16 = contiene el motivo de Thompson B 336 "Animal que auxilia es matado por hombre malagradecido". N° 17 = Íntroducción de AT 301 ó 650 ("El hijo del oso") + 326 II. N° 19 = AT 124. N° 20 = AT 74 C ("plátano" en lugar de "coco") + Hansen

74 U + Hansen 74 L + Hansen 74 K + AT 122. N° 22 = AT 750 B ("pollo" en lugar de "vaca"). N° 23 = AT 1011 + 1653. N° 24 = cf. AT 550 ("El agua de la vida"). N° 25 = cf. AT 325. N° 26 = cf. AT 303. N° 27 = AT 325. N° 28 AT 554. N° 29 = AT 613. N° 30 = AT 525 + 314 VI.

Estas líneas –que tienen la virtud de la brevedad– no sólo nos presentan al autor y a su obra, sino que nos ponen en contacto con una técnica analítica propio de la laografía y de la cuentística que es bastante desconocida entre antropólogos culturales; por ello las inevitables referencias a analiistyas de la cuentística, constituyen en sí un aporte valioso ara el lector.

§26,9 Los autores no deben mezclar en las páginas expositivas de sus trabajos técnicos (química, matemática, geología, antropometría, laografía, arqueografía, glotografía, etc.) consideraciones de otra índole. Para ellas, están pueden estar disponibles las líneas finales de su obra (cf. 23,4).

Cartas y Correo-e

§26,10 Un género literario completamente distinto son, a partir de primer tercio del siglo XX, las comunicaciones personales. Antes de esa época, eran escritos tan pulcros como los ensayos. Hoy se debe diferenciar claramente entre lo que se dice en una carta y lo que se manda a la imprenta. En la actualidad, una carta puede contener tanto lisura y lesera que se quiera, pues es escrita para un solo destinatario, quien debe tener la discreción de no conservarla para que la lean otras personas –esto es particularmente así en tratándose de emilios.

Un emilio (del inglés norteamericano *.eml*) es toda información enviada por Correo electrónico.

Hay dos formas. Una breve que en inglés llaman *message* y en español es un *recado*, *razón* o *misiva*, y otra larga, que es castellano es *carta*.

No porque tal vez sólo se destinen a ser leídas y destruídas inmediatamente, tienen sus remitentes el derecho a la anarquía. La única concesión, ampliamente empleada por los usuarios del sistema, es abstenerse de complicados inicios y barrocos finales. Por lo demás, la cultura tiene que imponerse en todo; también en los *.eml*. Deben someterse a las mismas reglas de un carta enviada por correo "postal", o de un "besa manos" de tamaño minuta.

¡Qué cosa tan horrible que ver una misiva o un registro médico, escritos con aspecto de mal poema: yendo a nueva línea cuando ningún sentido tiene hacerlo; sin sangría inicial, sin puntuación!

Cómo corregir manuscritos y pruebas

§27,1 Para entenderse con el editor, el encuadernador y el impresor, hay que conocer el lenguaje técnico que éstos emplean, y sus signos convencionales.

Los profesores de literatura y de otras disciplinas (como las antropológicas) en los que se supone que se está preparando a gente que tiene que publicar, deben llevar a sus alumnos a visitar a una imprenta que aun emplea letras metálicas, o "imprenta en caliente", porque ahí se ve con más claridad qué procesos hay que en una "imprenta en frío". Ahí los futuros autores pondrán cuidado a los conceptos de punto, cuadratín, medio cuadratín, cuarto de cuadratín, cuadratín de tipo y cuadratín de lingote, matriz, lingote, in 8°, in 16°, galera, y se fijarán en términos como sangrar, sacar, tirar, parar, tiro (no es español "tiraje") o tirada, sobretiro, tirada aparte, separata, cursivas, negrillas o negritas, versales y versalitas, altas y bajas, fuente, portada, colofón (que lamentablemente ya poco se acostumbra imprimir).

Es muy deseable que se haga una visita a un encuadernación, donde se aprenderán: contraportada, solapa, guarda, encuadernado, a la rústica empastado, pliego, cuadernillo, cajo, media caña, lomo, canto encerado (¡muy útil en regiones polvosas!), tejuelo, bigote, gacetín (es un aparatito para sostener las letras al dorar a mano), costillas, lomo, falso lomo, plegadera (no se diga lumbeta) , refinar o refilar, bajada de corte, cizalla, guillotina, los distinto tipos de costura (como la robada y la diente de perro), calzar, alinear, y el anglicismo que ya se ha impuesto: justificar.

Conocer la terminología es uno de los requisitos para entenderse con los talleres, el otro es saber emplear las convenciones gráficas internacionales. Entre ellas: 𝛿 (letra *d* medieval, que está por dēlēre, dēlēte 'destruir') y que ¡por favor! no debe degenerar en una especie de φ. Para invertir el orden de letras o de palabras, se emplea una especie de 𝛿 en un solo trazo. Para marcar el sitio en que hay que insertar una letra u otra corrección, se pone \ en el texto y se repite el signo en el margen junto con la letra que hay que insertar. En las siguientes correcciones que se pida en la misma hoja, se empleará la misma barra pero modificada con pequeños aditamentos, como un circulito en una de los extremos o un trazo horizontal. Enseguida se puede reemplazar \ por | y por /. Para ordenar una sangría, se ante pone [; consecuentemente, para "sacar" se señala con] en el correspondiente margen. En *Normas de composición*, Editorial Universitaria de Chile, Santiago, 1969, 533 pp. leemos: «La sangría no debe ser más profunda de lo estrictamente necesario para ser visible. Basta un cuadratín del cuerpo (no de la letra). Así, la composición en cuerpo <10/10 será sangrada con 10 puntos, y la interlineal 10/14 con

14 puntos». En la práctica con microprocesadores, esto significa colocar la barra así: ⌄⌄. Para pedir "nueve en diez" se marca 9/10 y se le puede anteponer el signo triangular en uso en Italia: Δ 9/10. El signo © es el equivalente inglés de ® 'derechos registrados' y se refiere a "reproducir, vender y lucrar" una obra.

Se tendrá buen cuidado de no olvidar ningún signo ortográfico, como ¡, ¿, ´, `, ^, y de no tolerar mayúsculas sin el acento que les corresponda (Écija, África, Úrsula) y, al contrario, no se pondrá un punto en medio del nombre de un año: no 2.001, 2.010, sino 2001, 2010.

Es clave internacional en Mss. escritos con máquina mecánicas, es poner un triple subrayado para pedir VERSALES, y <u>doble</u> para VERSALITAS, así como <u>simple</u> para *cursivas*. (Las cursivas son llamadas también bastardilla en España, y los pochos le dicen itálicas.) Para pedir **negrillas**, se marca la palabra con una línea ondulada debajo (<u>como si</u> <u>fuera así</u>). Preferentemente, no se deben combinar esos recursos en una misma palabra: no **VERSALÍTA** (= *VERSALÍTAS* + **negrillas** + *cursivas*), por ejemplo.

[§27,2 En muchas partes de Hispanoamérica, propiamente ningún estudiante tenía en su casa una máquina de escribir. Ya en el siglo XXI la situación es casi al revés: es raro quien no disponga de un micro procesador o PC. Consecuentemente, tenemos que referirnos a los recursos que estos aparatos ofrecen para quien redacte un trabajo en cualquiera de las tres áreas de la antropología.

En la antigüedad clásica, sólo existían las mayúsculas. Originalmente sencillas, sin "patitas" o "remates" (A, E, y no A, E); los romanos las embellecieron: ya no era SENATUS POPULUSQUE, sino SENATUS POPULUSQUE (son las llamadas "serifas·").

En la edad media, se desarrollaron, en forma paralela con la arquitectura románica, las letras unciales (inspirado en ellas, existen lindas fuentes en linotipia, empleadas en inglés para libros de poesía). Como las letras nuevas no sólo se empleaban en pocas ocasiones en los edificios públicos y en lápidas, sino mucho en los manuscritos monásticos, fue fácil que pudieran sufrir cambios. Y como se escribía mucho acerca de la Divinidad, tuvieron la idea de escribir su primera letra de tamaño un poco mayor. Así nació la diferenciación entre dos tipos de letras.

Como las M, N, I, U, eran simples rayas, aunque un tanto torcidas y vueltas pequeñas: ιι, pero ligadas por arriba, una palabra en que estuvieran yuxtapuestas varias de las letras m n ι υ se constituía en un colguijo indescifrable de puras rayas verticales. ιιιιιιιιιιι. Para paliar, decidieron ponerle una marca a la ı, –así inventaron el punto: i.[1] (La marca puesta a la ŭ, sobrevivió en la escritura manuscrita alemana hasta el siglo XXI.)

Los cambios mencionados se debieron a los diferentes materiales empleados al escribir. Hoy, con el nuevo cambio tecnológico, que no afecta la escritura a mano, hemos heredado un sistema pulido durante el Renacimiento: tenemos los puntos sobre las íes, una considerable cantidad de diacríticos (activen ustedes su Compatibilidad multilingüe, entrando por Inicio - Configuración, véanlos) y estamos haciendo un discreto pero constante uso de mayúsculas.

¡La gloria, pues!

Y no. No, porque los ingenieros que fabrican programas, como Windows, sabrán mucho de muchas cosas, pero nada que sea ajeno a la mala escritura comercial norteamericana. Si vamos a MacGraw Hill, u otra editorial, a buscar un libro que nos enseñe acerca de Composición, Tipografía o de Edición para saber cómo presentar un buen ms. (manuscrito) perdemos el tiempo: puede que tengan esos títulos, pero no responderán a nuestra expectativa.

Así es que vamos a dar algunas indicaciones para los usuarios de computadores.

> En primer lugar, no acataremos la orden de "agringar" la presentación de nuestras cartas. No omitiremos las sangrías de ninguna carta, curriculum vitæ, ni de ms. alguno. Iremos a la barra Formato y apretaremos el primer botón a la izquierda; aparecerán indicaciones acerca de tamaño de Títulos y de Subtítulos, y escogeremos Normal –esto evita que después de cada "punto y aparte" nos mal gaste papel en blanco. Si por alguna razón, mientras estamos escribiendo, aparecen esos desperdicios, iremos nuevamente a Normal para corregirlos.[2]

Cuando "abrimos" un "documento" nuevo para escribir, nos toca hacer algunos arreglos a la plantilla "por defecto" del aparato.

---

[1] Esta fue una ocurrencia bonísima. Los profesores de primaria deben dar el buen ejemplo de "poner los puntos sobre las íes", y no cultivar entre la población la pésima costumbre de "ahorrarse ese trabajo": regresando así a la confusión de la más oscura edad media.

[2] Se presentará el inconveniente de que los americanos consideran "normal" la total ausencia de sangrías, de justification, etc., eso habrá que corregirlo también en esos casos.

➤ Colocaremos (entrando por Herramientas - Personalizar - Comandos) los íconos y botones que necesitemos, y eliminaremos los que nos estorben por no usarlos nunca. Si habremos de con varias fuentes, las pondremos (por ejemplo: Times New Roman, Arial, Bookman Old Style, Symbols). Colocaremos el ícono señalado con Ω, que encontraremos en Comandos - Insertar (éste es para ir directamente a signos que tal vez no estén en las versiones viejas de su Windows, y a otros como ı, İ, ß, æ). Como, a diferencia de la prosa de los novelistas, nuestro escrito no será de lectura unilineal, sino que tendrá notas a pie de página, instalaremos el ícono AB[1], que está en Herramientas - Personalizar - Comandos - Insertar.

Pondremos la **A** de Fuente, y la **W** de subrayado no continuo (y quitamos <u>S</u>) que encontramos en Formato.

Iremos a Herramientas - Idioma - Guiones - y activaremos División automática del documento. En Insertar - Números de página haremos que los números de página estén arriba. Dejaremos posiblemente 15½ en la barra de estado, pero programaremos (de nuevo para cada documento) la sangría de uno o máximo de tres puntos: desplazaremos el $=$ a la siguiente posición, a la derecha de $<$.

Escogeremos el tamaño de las letras entre 10 y 11. El espacio entre líneas (por **A** - Formato de página) será de 12 puntos.

Si necesitamos emplear letras en "caja alta" (en exponente), colocaremos el ícono x^2 (lo encontraremos en Formato.]

Por **A** (Fuente) encontramos y marcamos New Times Roman[3] - Predeterminar (esto queda para todos los documentos) y podemos predeterminar igualmente la altura de las letras. Cuando necesitamos las otras fuentes, como Arial, apretamos el botón correspondiente.

Cuando el antropólogo en ciernes, que no tiene por qué saber manejar a maravilla esas instalaciones, haya instalado esto, ya habrá obtenido la experiencia para hacer cualquier otro arreglo.

Sólo le falta instalar en su teclado físico los signos que necesite constantemente, como ¢, č, š, ž, ♀, ♂, ē, ō, {, | ß, fl, ~, fi, },], ↔.

---

[3] La Arial y Arial Narrow son "sans sérif" (sin patitas) y, aunque la emplean los ingenieros en sus informes, y los farmacéuticos para sus etiquetas, no es recomendable para informes de otro tipo, ni para cartas o para libros. La Bookman Old Style tiene muy bajas sus mayúsculas y muy anchas sus letras; sólo sirve para destacar a palabras aisladas.

Capítulo V

El antropólogo y su equipo de trabajo

§28 El estudiante que se propone ejercer como antropólogo, debe integrar poco a poco su instrumental personal de trabajo (que no llamará «equipamento», pues se supone que sabe castellano). Se recomienda adquirirlo en el orden siguiente:

un millar de papeletas
gavetas para ellas
pedir catálogos (gratis) de
    editoriales
diccionario (de preferencia
    etimológico)
pluma fte. para tinta china
    homogeneizada
dos escuadras, plantillas
cajas para separatas y folletos
suscribirse a revistas del ramo
máquina de escribir y
hacerle modificación al teclado

o un lap-top si tiene dinero para él
cámara fotográfica réflex
exposímetro, soporte-prensa,
    zoom, □ltros
archivo para negativos
muebles para diapositivas
grabadora magnetofónica
vídeo-cámara, si tiene dinero
muebles para los soportes (discos,
    cintas)
de sus grabaciones electrónicas

Se habituará, además, a hacer sus anotaciones con letras de imprenta

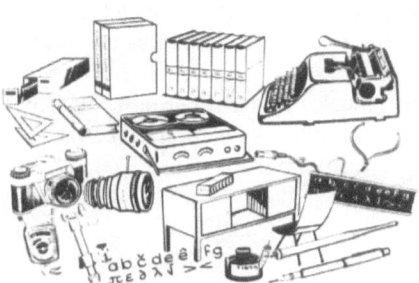

(pero sin revolver incultamente mayúsculas con minúsculas) como hacen los estudiantes de arquitectura y de ingeniería pero –a diferencia de ellos– no omitir la preposición de. Le convendría aprender dactilografía y, aunque ya no se estila, la taquigrafía.

Las fichas

§29,0,1 Se llama papeleta a hojas recortadas a un tamaño normado por el comercio, destinadas a recibir anotaciones en un solo lado y de acuerdo con una norma fija. Los datos puestos en ese papael transforman la papeleta en ficha.

§29,0,2 Para almacenar papeletas y fichas existen en el comercio cajas de madera o de metal, llamadas gavetas, provistas de llaves y, en algunos casos, de un eje metálico que atraviesa el papel (cf. §9,2) para retener todo ese material en la caja. Una o varias cajas con fichas ya ordenadas constituyen un fichero. Cuando las fichas no son de papel sino de cartón o cartoncillo, el conjunto de ellas constituye una cartoteca.

§29,1 Según la finalidad del trabajo que se va a realizar, el lado *único* de la ficha se puede dividir en dos o en tres. En lingüística, es socorrida la primera forma (que compara a con b), que es vertical. Para la mayoría de los trabajos en antropología y en otras disciplinas, se emplea la segunda manera, que es de división horizontal:

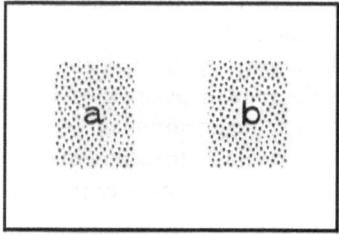 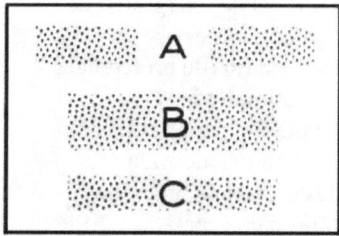

§29,2 La función de la ficha de división horizontal, a la cual nos referiremos de aquí en adelante, es contener una información sacada del contexto que tuvo en la fuente original, para que pueda ser ordenada de otra o de otras maneras por el investigador.

Cada ficha no contiene sino una sola información. De cada ficha se puede hacer varias copias para ordenar su información única en varios y diferentes sitios del fichero.

§29,3,0 Cuando se consulta un fichero, la parte superior de las fichas es la más legible dentro de la gaveta, mientras que la inferior, cerca de la base, por estar en el fondo de la caja, resulta poco visible.

De esta realidad física se deriva la solución de escribir en la parte superior los signos gráficos que necesitamos ver de inmediato al consultar el fichero, y dejar la parte inferior para lo secundario.[1]

§29,3,1 Al consultar el fichero, se intenta encontrar la información guiándose por la clave numérica o por la(s) palabra(s) que resume(n) el contenido de la ficha. Este resumen o clave es nuestro elemento clasificador, el cual estará arriba en la cartulina o papeleta.

No son elementos clasificadores en un fichero las referencias secundarias, las obvia ni las redundantes.

§29,3,2 La parte medular de la ficha es la información, que puede ser:

➣   una observación hecha por nosotros personalmente,
➣   una cita transcrita (que pondremos entre comillas).

La extensión de la información es variable, según el estilo del informante o de la fuente escrita; nosotros mismos procuraremos ser siempre breves. Lo ideal es que no pase la información de tres o cuatro líneas. Por esta razón, se emplean papeletas de tamaño mediando (según las normas comerciales que rijan en el país, aproximadamente de 14,5 × 10 cm).[2]

§29,3,3 El proceso de lectura de la ficha colocada en la gaveta va de arriba abajo. Leída la parte A puede pasarse a leer la parte B, que es la medular y, si es de utilidad para nuestro propósito, puede ser valioso saber la fuente antes de usar la información de la ficha. Es frecuente que no se llegue a leer la parte inferior, y que se suspenda la lectura en la parte A o en la B:una razón más para que C está abajo.

La parte C es la de todos los datos secundarios, como son: obra, fecha, página.

La disposición de las tres partes componentes de una ficha, como son clasificación, información y fuente, es la más sensata en una gaveta, pero hay otra manera de guardar fichas. Ésta es juntarlas en un archivador ("legajador"), de los que hay, y habrá en el futuro, diversos tipos. En común tienen el no poder recibir sino una cantidad bastante limitada de fichas. Existen archivadores de lomo duro y provistos de un mecanismo metálico, que son del tamaño "minuta", que es de hecho él de las fichas, estos archivadores son del mismo tipo de los que se emplean para guardar la correspondencia. Existen sistemas que no

---

[1]   [Esto es tan obvio que puede parecer innecesario mencionarlo, pero tuvimos grandes discusiones con alguien que neceaba en que sus subalternos hicieron las cosas al revés.]

[2]   En algunos casos, basta el tamaño bibliográfico.

exigen la perforación de las hojas, pues disponen de un mecanismo que las prensa, pero de momento no los hay de tamaño "minuta". Estando fijadas del lado izquierdo las fichas, no es perentorio que ella lleven la parte C abajo:

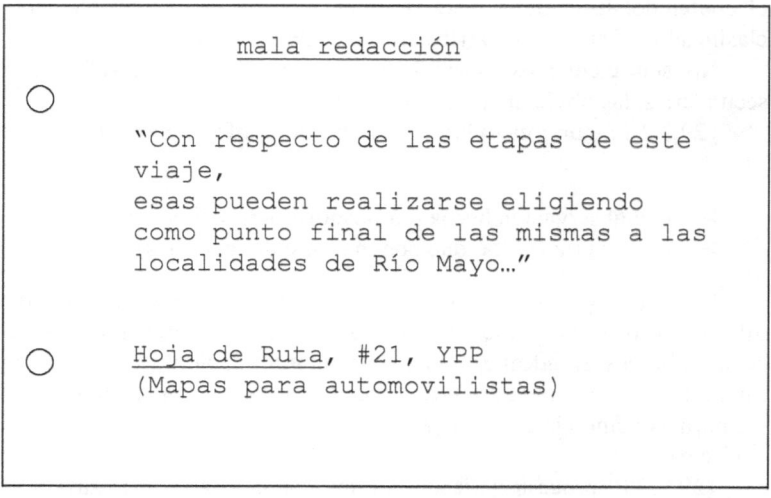

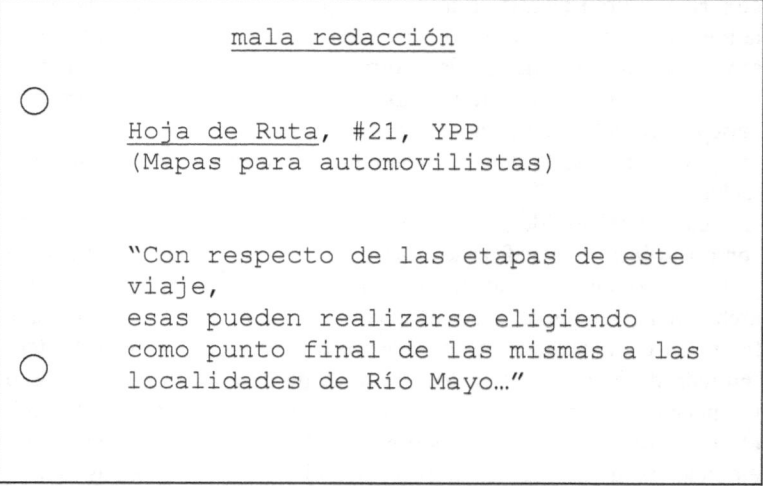

§29,4,0 Por razones de economía se acostumbra en las bibliotecas partiulares y públicas hacer cartotecas bibliográficas con fichas de tamaño pequeño (12,5 × 7,5 ~ 8,0 cm) de división horizontal. Generalmente no les alcanza el dinero para hacer su cartoteca en un material con base de fibra de algodón, que es de gran duración y que, a la larga, es más económico que las de fibra de madera por no desgastarse esas tarjetas tan rápido. [En el siglo XXI las cartotecas de las bibliotecas grandes, al "sistematizarse" electrónicamente, han desaparecido, pero sobreviven en las públicas pequeñas y en las particulares.]

En la parte extrema superior, los bibliotecarios asientan la referencia "topográfica" que permite localizar el libro en los anaqueles. Para el estudiante y el investigador este dato es muy útil, por lo que anotarán esta "colocación" en alguna parte secundaria de sus fichas bibliográficas personales. Como de hecho en las fichas bibliográficas de un particular se deja arriba un buen espacio completamente en blanco, se podría anotar la "colocación" en el margen izquierdo o en el anverso.

§29,4,1,1 Actualmente existe la posibilidad –para quien tenga sus "posibles"– de meter todo lo que quiera en su microprocesador. Pero nuestros estudiantes de *Humanities* no suelen estar entre tan privilegiada gente. Y como quiera que fuere, conviene conocer las normas de trabajar en papel.

Al hacer la ficha bibliográfica en máquina de escribir, se deja aproximadamente un centímetro en blanco en la parte superior. Luego se dan 10 espacios en blanco, contados a partir del borde izquierdo, y se pone el autor. Se escribe a renglón cerrado, o sea, sin espacio adicional entre las líneas. Las siguiente líneas se empieza a la tercera letra de la primera.

Es norma al escribir los títulos en la fichas poner sus "componentes inmediatos" en una misma línea. Queda totalmente proscrito dividir palabras: si una palabra no va a quedar en un renglón se la empieza en el siguiente. Esto norma es válida no sólo para fichas, sino para cualquier conjunto de letras pintadas o impresas.

La ficha bibliográfica de un artículo tendrá el siguiente aspecto:

```
Montes, Aníbal
     "El gran alzamiento diaguita
     (1630-1643)".

     Revista de Antropología,
     t. 1,
     Rosario (Argentina), 1959,
     p. 81-159.
```

§29,4,1,2 Entre el título del trabajo y el nombre de la revista o editorial que lo publicó, se dejan varios renglones, equivaliendo aproximadamente a un poco más de un centímetro. Nuevamente es norma no dividir palabras. Aunque no sea artículo de revista, los datos de las cuatro líneas siguientes son en el fondo los mismos. Tienen que ir en el orden siguiente

Nombre de la Revista	Editorial,
t., vol, o año, fasc. o núm.,	Colección, núm.,
Ciudad, año de edición	Ciudad, año de edición
p. tal a tal	pp.

La ficha nibliográfica de un libro tendrá en siguiente aspecto:

```
Alatorre, Antonio
    Los 1001 años
    de la lengua española

    Fondo de Cultura Económica,
    Tezontle,
    Cd. de México, 1989,
    318 pp. + índices.
                ◯
```

La máquina de escribir

§30 Un gasto que en algunos países, o ciudades de algún país, puede ser fuerte para el estudiante es la máquina portátil o semi portátil de escribir.

Existen diversos tipos de teclado en el mercado, aunque por desidia o incultura de los importadores predomina en algunos países de habla hispana el teclado "para inglés". En realidad, existen teclados especiales para dentistas, meteorólogos, ferreterías, español para América, para Portugal, para Brasil, para alemán.[3]

---

[3] Este último tiene intercambiados Z y Y, y para hacer ñ es menester emplear el ^: n ^.

Se llaman especialidades a los signos que no son los números y letras comunes, como: ‰ % & $ £ . κ [∴ ¥ § ¼ ½ ¢. Muchos de ellos son perfectamente inútiles para estudiantes y profesionistas que no se dedican al comercio, por lo que por poco dinero se les puede reemplazar por los que a cada quien le hagan falta. Para nosotros, lo que más conviene son diacríticos (aparte de ¿, ¡): ^ ` ˇ ˜, el haček ˇ para š č ž, y el gancho polaco (con el que se puede hacer ŋ, que sustituye muy bien a ŋ, además de į ą ų).

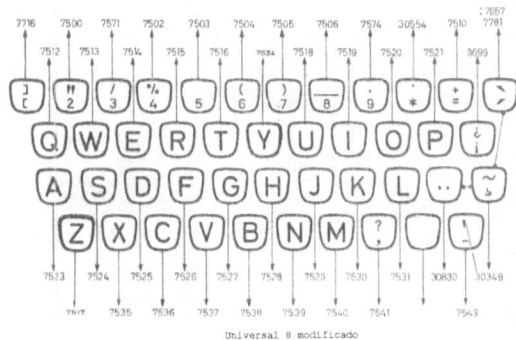

Universal 8 modificado

Lo más conveniente es adquirir una máquina semi portátil, pues las portátiles no aguantan el trabajo profesional con teclado universal que ofrecen todas las fábricas grandes –aunque los pequeños vendedores ignoran su existencia, por lo que el comprador tendrá que insistir en su exigencia hasta dar con alguien capaz de mostrarle el correspondiente catálogo. En los años '60 la "Olympia" tenía en oferta ocho variantes de teclado universal, cada una con los diacríticos para portugués, polaco, castellano. Aquí se puede ver un teclado universal:

Quien tiene posibilidad de emplear un microprocesador, deberá adquirir algunas fuentes, como –Doulos-SIL (del Instituto Lingüístico de Verano) y de Word Perfect las que siguen a Wingdings. [El negociante Bill Gates está mejorando continuamente sus pésimas fuentes Word. Cuando ustedes lean estas páginas, posiblemente ya no necesiten "importar" fuentes de otra "Application".]

La cámara fotográfica

§31,0 Los etnólogos suelen ser buenos fotógrafos, manejando bien los filtros para bl & n, pero suelen ser malos filmadores, por lo que nos referiremos sólo a la cámara de vistas fijas, de las que se adquirirá por lo menos una (las demás pueden ser especializadas, de mayor tamaño de negativo, y una baratita será para diapositivas en color).

Sólo convienen cámaras de tipo réflex con objetivos cambiables. En nuestro medio se usa únicamente las de película de 35 ^{mm}, pero las hay más grandes. No tienen buena reputación ni la Cǫntaflex ni la Lẹicaflex (desde luego tampoco la Zénit rusa, ni algunas japonesas). Hubo una muy buena Olympus, para 72 negativos, pero ya no existe. Hay magníficas japonesas y las alemanas Edixa, Prạctika así como la venerable Exacta, que por fin ha sido modernizada, gozan de buena aceptación entre los conocedores, no así las electronizadas. [Casi por el mismo precio que las tradicionales, han surgido las cámaras sin óptica, pero con mucha electrónica, que se conectan a los Microprocesadores (PC) y hasta a los teléfonos portátiles. Son de fácil manejo (son cámaras "para abuelas" u otras personas no profesionales). Este sistema tiene la ventaja de que se pueden hacer correcciones digitales y sacar las copias mediante la impresora   doméstica.

 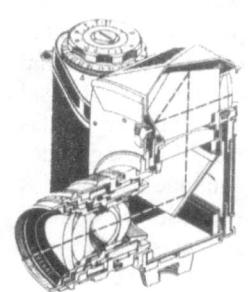

Es de suponer que pronto las habrá para profesionales: es cuando será   recomendable adquirirlas.]

§31,1   En   las cámaras réflex la luz que entra en el objetivo es   reflejada   por   un espejo y lanzada a un vidrio opaco, dentro del visor. En consecuencia, en el visor aparece exactamente la imagen que realmente habrá de entrar en el interior de la cámara al apretar el obturador. Existen dos tipos de visores (ingl. view-finder) y son intercambiables en algunos modelos.

Durante mucho tiempo no se había podido instalar en el interior de las réflex un aparato que midiera la luz y calculara correctamente la exposición que requiere cada toma. La luz que penetra por el ocular del visor incidía en la celdilla fotosensible y falseaba la lectura; por eso los profesionales y los aficionados avanzados trabajaron exclusivamente con exposímetros que llevaban colgados del cuello. Este inconveniente ha sido superado en visores prismáticos intercambiables, con exposímetros en el interior.

Se   recomienda   no   dejarse seducir por cámaras con micro-motores y automatizaciones que duplican sus precios y los vuelven desechables: son   de   poca duración.

§31,2 Más caras aún, pero de buena calidad, son las cámaras digitales, que no emplean película sino sólo un disco duro; la información de este es vertida mediante un cable USB al microprocesasor (Pecé). Pero cuidado: sus componentes se queman con facilidad cuando son trabajadas ininterrupidamente –y en el momento de escribir esta advertencia, muchas no tienen repuestos. Al comprar una réflex electrónica, conviene ver si acepta los objetivos que están en uso en el Ínstituto o del particular. La retratada aquí, tiene un objetivo un tanto pobre de luminosidad: f 1: 3,5 – 5,6; EF 18 ~ 55 mm; Ø 58 mm (para filtros). Se le pueden comprar zoom más largos.

§31,3 Se llama en inglés exposuremeter y en alemán Belichtungsmesser a un aparato que calcula la exposición correcta para tomare fotos; en español su mejor traducción es exposímetro.

Los exposímetros que en la actualidad [años '60] se encuentran en las cámaras,[4] no tienen sensibilidad suficiente para medir exposiciones en ambientes poco iluminados. Por ello los fotógrafos no sólo no desean este lujo inoficioso, sino que emplean exposímetros manuales. El más apreciado para luz diurna y paisajes nocturnos es el Sixtar, cuya rueda calculadora (ingl. dial) indica exposiciones hasta de dos horas (siendo normalmente suficiente menos de media hora). Existe un hermano mayor suyo, el Lunasix con rueda para cuatro horas y con aditamentos para medir en cámara oscura.

§31,4 Con la voz onomatopéyica zoom se bautizó en inglés el tipo popular de objetivos de foco variable para cámaras de foto fija. Ya a principios del s. XX se conocían proyectores con objetivo de foco variable, y su uso es completamente normal en cinematografía profesional. Estos objetivos son especialmente apreciados cuando se hace el inventario fotográfico de piezas etnográficas o arqueográficas. En el campo, permite aprovechar hasta el máximo la capacidad del negativo porque el zoom centra todo el objeto sin desplazar la cámara: sin que nosotros tengamos que caminar hacia delante o hacia atrás ni de subir o de bajar una peña hasta lograr encuadrar bien el objeto. En el trópico, se crían hongos en la resina que sostiene los lentes de estos objetivos, por lo que tienen que ser limpiados periódicamente por un especialista.

§31,5 Para lograr buenas fotos, se recomienda no tomar sin soporte fijo al que se atornilla la cámara.

Existen varios tipos de soportes para cámara, provistos de rosca en que se sujeta a esta última. En los catálogos el nombre genérico de estos soportes es Stativ en alemán.

---

4   Recuerde que en español una cámara es un aparato, y no una "máquina".

Hay soportes de tres pies (tripié o, mejor, trípode), de un pie, de marco, y de prensa.

Los trípodes livianos, al no ser suficientemente firmes, son poco apreciados tanto por los profesionales como por los subprofesionales (ingl. fan). Pero los trípodes firmes, además de caros, son muy pesados y de ahí nada atractivos para el explorador que se interna en la selva o suba a una sierra. Los soportes-marco (alem. Tischstativ) fueron lanzados al mercado para tomar fotos (micropelículas) de hojas de libros; sólo sirven para cámaras réflex y no son prácticas cuando los originales no son de un mismo tamaño. Los soportes de un pie (unipié o monópodo) se han creado para mantener en una misma altura a la cámara de cine; para evitar el movimiento lateral el filmador tiene que apoyar el codo contra una columna o pared. El último soporte lanzado al mercado, es la prensa-soporte (alem. Klemmstativ, de aplicación múltiple.

Sirve   para   retratar   objetos   cercanos,   empleando   fuelle (macrofotografía), lo mismo que para copiar diapositivas, para telefotografía o para nocturnas. Puede ser empleado para sostener un reflector o cámara de cine. Los hay con un tornillo para penetrar al tronco de un árbol en que sostendrá a la cámara. Los hay con tres patitas atornillables, para que se sostengan solos en una superficie plana. Su prensa sirve para fijar el soporte en una tabla. Pero cuidado: ¡adquiéranse sólo prensas capaces de asirse en grosores mayores de cinco centímetros!

§31,6 Existen distintos tipos de película, según la finalidad que tenga el trabajo que se va a realizar. Se recomienda usar en general películas de poca velocidad, o sea, de bajo índice DIN o ASA, pues tienen grano más fino y de ahí mayor información registrada por milímetro cuadrado.

Para fotografías documentos y artículos, o páginas de libros, se emplea "Fine Grane" norteamericano o "Agfa de grano fino, 4 DIN" alemán, en rollo de 305 metros. Es muchísimo más barata que las películas populares de 17 DIN (50 ASA) que se emplean para instantáneas (en América es común el empleo de 100 ASA = 21 DIN). Para diapositivas en bl & n (blanco y negro) existe la económica "Agfa Dia-Direct" de 16 DIN = 32 ASA, con revelado pagado. [En los trópicos, a los pocos años, se me dañaron todas las diapositivas directas hechas de esta manera; pero es muy posible que ya existan, o que existirán próximamente, películas con emulsión más duradera.] No se recomienda para nuestros usos la película "Negativa-color universal", pues tiene poca información cuando se sacan copias en bl & n.

La grabadora de sonido

§32,0 El uso de cintas magnética [tanto para imagen como para sonido] está menos generalizado entre los antropólogos que la fotografía. Interesa principalmente a los dialectólogos, laógrafos y glotólogos que trabajan en el registro de textos pronunciados por informantes, y a los musicólogos.

§32,1 Si se conoce la lengua en que están hablados los textos, cualquier grabadora cumple con la función que se espera de ella. Conforme se vayan perfeccionando los aparatos, puede que las grabaciones de textos en idiomas desconocidos para el investigador permitan a éste oír con claridad los segmentos fónicos, lo que le permitirá transcribirlos sonidos en un papel. No creo que los señoritos cómodos puedan llegar a disponer de un aparato en que de un lado se habla, y del otro salga decentemente impreso el texto y aun la tesis profesional lista [con esta pretensión me llegó en Cali un ex alumno de Popayán que traía un magacín (cassette) con algo grabado, en una lengua desconocida para él: esperaba que le imprimiera yo su tesis a partir de esa grabación]. Para la musicología, el registro de lenguas que no domina bien el investigador, y para fonética experimental, se recomienda el empleo de grabadoras de alta velocidad. Para no molestar a las demás personas ni llamar la atención innecesariamente en la aldea, el investigador debe tener auriculares para oír sus grabaciones.

§32,2 No se deben comprar grabadoras magnetofónicas [ni de discos compactos] que no tengan entradas para interconexión con otros aparatos. Lamentablemente carecen, por ahora, de tales entradas las emisoras-receptoras (talky-walky), de existir esos diodos podría estar uno investigador en una aldea y otro a muchos kilómetros de distancia con el receptor conectado a una buena grabadora; pero sin duda habrá en el futuro otros aparatos para ese método de trabajo, que permite llegar a la aldea con menos equipaje, pues mientras menos elementos extraños se introducen en una comunidad, mejor.

En el momento de redactarse este curso, resultaba casi ofensivo hablar de algunos aparatos que no estaban al alcance de los estudiantes ni de los instituto de antropología, como las máquinas IBM de monobloque giratorio con letras de imprenta, de copiadoras en seco o de los teclados para preparar las tarjetas perforadas (punch cards).

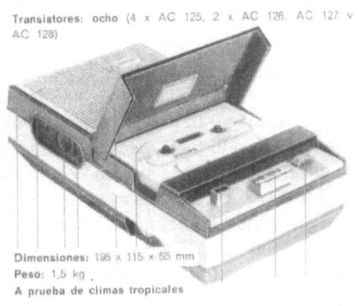

Transistores: ocho (4 × AC 125, 2 × AC 126, AC 127 y AC 128)

Dimensiones: 195 × 115 × 55 mm
Peso: 1,5 kg
A prueba de climas tropicales

También se desconocían en Austroamérica las grabadoras que emplean magacines con carretes de rápida colocación (cassettes), que acababa de lanzar la Philips de Holanda. Previendo que pronto los iría a haber, se dió, sin embargo, la siguiente información:

El magacín (en francés la cassette) es un carrete que mide 1,2 × 6,8, × 10 centímetros y que tiene cinta suficiente para 60 y 90 minutos de grabación. No son recomendables los de 120 minutos, pues son de mala calidad. Los cables (diodos, de δι 'dos', ὁδός 'vía') permiten interconectar la grabadora con otros aparatos de sonido, especialmente con megáfono o bocinas instaladas en amplia caja de resonancia que aumenta la calidad de la reproducción. Estando en ciudad, conviene siempre oír lo grabado a través de bocinas,[1] aunque por consideración de los vecinos de noche usemos los auriculares.

Qué es un instituto de antropología

§33,1 Un instituto de antropología es un lugar para la investigación antropológica o histórico-cultural, sin excluírse los aspectos sociológicos.[2]

Esta investigación se realiza, o debiera ser realizada, por antropólogos con preparación académica.[3] Los investigadores deberán conocer los métodos y los aparatos de trabajo de la época en que se han formado. Aunque no se pedirá que manejen a la perfección lo que es posterior a esa su época, sí se exigirá que conozcan los medios de archivo y de documentación y que sepan manejar el teclado de una máquina de escribir. Quienes hayan nacido en el tercer tercio del s.XX y después, manejarán con naturalidad y constancia no sólo los archivos de papel, sino la archivística sin papel: la electrónica.

Suele haber en un instituto un director científico, un director administrativo o secretario ejecutivo, varios investigadores, a veces una

---

[1]   No se use al italianismos "parlante". (Ni "hispanoparlante" por hispanohablante).
[2]   [Todo lo que en este libro se recomienda hacer, se basa en experiencias personales con la profesión y las instituciones y, sobre todo, lo que respecta a lo que no se debe de hacer está siempre inspirado en las aberraciones observadas.]
[3]   En casos excepcionales se puede aceptar la cooperación temporal –por contrato no renovable– de personas sin título en antropología. Éstas quedarán excluídas de la obligación de asistir a las juntas (§36,2), aunque tendrán que entregar cuenta de sus trabajos a los miembros del instituto, lo que hará en una reunión convocada expresamente con este fin.

mecanógrafa –la cual es innecesaria si cada quien maneja una máquina en su propio escritorio– y ocasionalmente estudiantes sin puesto fijo que cooperan por horas en el recinto. Suelen recibir una gratificación por lo que hacen, pero ésta no debe ser entendida como una beca sino como una retribución por los trabajos que se les encomienda: no deben ser contratos anuales sino sólo compromisos trimestrales renovables.

§33,2,1 Un instituto debe tener para cada investigador un cuarto o "cubículo" adecuadamente amueblado, iluminado, ventilado y, en climas fríos, calefaccionado. No debe haber varias personas en un solo cuarto.

§33,2,2 El cubículo debe estar recién pintado y en buen estado cuando es puesto a disposición del investigador. Las paredes serán claras, lo mismo los muebles. Las ventanas funcionarán y estarán limpias de manchas de pintura, revoque o polvo.* Funcionará la puerta, la calefacción, la ventilación y la luz eléctrica. Habrá por lo menos un enchufe o "tomacorriente" para conectar aparatos. Las ventanas debieran tener su borde inferior o alféizar entre los 0,90 y 1,10 metros del suelo y en todo caso estarán provistas de cortinas de género, que, si la región es seca y polvosa, se lavarán cada mes o cada dos meses. Si la región no es muy calurosa, el piso tendrá alfombra "metreada" (ingl. wall to wall) y se exigirá al investigador cuidarla de colillas encendidas y de otras inmundicia evitables; los aseadores del instituto pasarán por lo menos una vez por semana aspiradora a esos pisos.

§33,2,3 Aunque puede parecer innecesario decirlo, cada cubículo tendrá sillas, un escritorios metálico o enchapado (fórmica o fojas de madera), una mesita rodante para la máquina de escribir [este requisito se irá obviando conforme cada cubículo tenga un microprocesador], archiveros, anaqueles colgados, alacena (ingl. closets) o en sus defecto (aunque es más estorboso) un mueble. En la cercanía habrá un lavabo y un WC que funcione.

§33,3 En un instituto hay, además de los sitios individuales de trabajo, sitios comunes. En algunos casos, los últimos pueden servir para recibir al público. Suele haber una secretaría o un despacho del administrador o secretario ejecutivo, un depósito para escobas y para toda suerte de materiales, una dirección, un archivo o depósito complejo.

Si el instituto o departamento hace excavaciones, tendrá una bodega para el material (tanto instrumentos como material extraído del suelo)

---

* [Toda esta parte fue escrita conociendo el lamentable estado de cierto instituto y la inepcia de los directores de otro. Véase nota 2].

que, en caso de no haber mucho espacio en el sitio de las oficinas, puede estar puestos fuera de la ciudad.

Algunos institutos tiene la fortuna de poseer una biblioteca.

§33,4 Se archivan, guardan o depositan al alcance y a la vista de todos los miembros, el instrumental y los resultados de los trabajos. El depósito o bodega de arqueografía no se llamará «archivo».

§33,5 Es frecuente que éstos y otros puntos que parecen igualmente obvios sean totalmente pasados por alto por la persona encargada de dirigir un instituto. Es en virtud de ello que se acostumbra tener, al lado del prestigiado director científico, a una persona ejecutiva, un dualismo, por cierto, ya experimentado por los indios prehispánicos de Mesoamérica. El administrador debiera ser algo más que un hacedor de presupuestos,debiera tener un interés afectivo por la historia de la cultura, pero no debiera tener ambiciones de investigador. Debe tener aptitudes para las relaciones públicas, tener capacidad para el "detallismo" en la administración de todos los pormenores y economías, y desear que la institución –e individualmente sus miembros– tengan contacto con "el mundo exterior". Sin pretender fiscalizar, debe mostrar interés por los trabajos de todos y estimularlos, incluyendo al director, mas sin dar preferencia a ninguno y, ante todo, sin discriminar a nadie. Su recorrido diario por las áreas de trabajo de los empleados será, desde luego, fiscalizador, pero deberá cultivar un tono de camaradería tendiente a crear una atmósfera corporativa.

§33,6 Las relaciones públicas (cf. §36,9) comprenden el contacto con sociedades afines con sede en la misma ciudad. Si éstas carecen de un local, y en cambio el instituto de antropología, de etnografía o de arqueografía dispone de una sala de reuniones, es incuestionable que ésta debe ser puesta a la disposición de aquellas sociedades. Para reuniones sociales o científicas, pero no para encuentros políticos ni convenciones de tipo *club*, el instituto o el museo debe ceder su sala de conferencia para actos cónclaves de: Sociedad de Alumnos de Antropología, Sociedad de Amigos de la Antropología, Sociedad de Antropología, Sociedad de Ayuda al Aborigen, y otras asociaciones permanentes de parecidos nombres o intenciones.

§33,7 La portería y las oficinas deben presentar, también ellas, un ambiente respetable: sin televisores, radios, ni almanaques colgados de las paredes. No se admitirá la presencia de lustrabotas ("boleros", "emboladores": personas que "dan bola") ni de pordioseros, en ningún espacio perteneciente a la institución.

Cómo se prevén economías al organizar en un instituto

§34,1,0 Cuando se organiza un instituto, es conveniente eliminar desde el comienzo las causas de pequeños gastos constantes, que gravitarán durante años sobre el presupuesto sin producir utilidad.

§34,1,1 Es perentorio reducir el gasto de electricidad, aunque no fuera sino como gesto solidario ante la escases mundial de los recursos acuíferos.

Como la cultura entrópica del despilfarro está muy arraigada en Hispanoamérica, no bastarán un par de amistosas recomendaciones: hay que buscar controles mecánicos.

En los pasillo debe haber apagadores automáticos, lo mismo en las vitrinas de la sala de exhibición, en caso de existir. Se adquirirán focos (bombillos) economizadores de corriente.

Se instalará en cada sección del recinto un interruptor de corriente eléctrica (ingl. switch), y junto al medidor un interruptor total. De esta manera se evita tener que recorrer constantemente los rincones en busca de alguna lámpara o radiador que haya quedado prendido, cuyo consumo sólo aumentaría sin ningún beneficio la cuenta de electricidad; además se evita el peligro de que durante las noches y fines de semana se presente un cortocircuito e incendio.

Los aparatos eléctricos estarán provistos de interruptores automáticos. Las teteras o los hornillos eléctricos que en las oficinas de algunos países consumen todo el santo día de 200 a 500 y más wattios para mantener en estado de ebullición el agua del té o del café, deben quedar proscritos, instalándose teteras o grecas con termostato, o introduciendo el uso de espirales de inmersión.

Los grifos o llaves de agua deben estar en buen estado, para no dejar correr innecesariamente el agua.

Si hay un mozo, se le comprará una bicicleta para aumentar su movilidad y eliminar el gasto perpetuo de pasaje en vehículos públicos.

No se justifica la adquisición de un vehículo de más de dos ruedas. Además del costo de adquisición, y gastos de mantenimiento, existe en muchos lugares el inconveniente adicional de que los reglamentos exigen que por cada automotor haya un chofer, lo que es otra carga improductiva más en el presupuesto. En las ocasiones que en se precise de una camioneta, será más económico alquilarla. También se puede pedir prestado a una dependencia oficial, como: Comunicaciones y Obras Públicas (o más *elegancioso*: Vialidad), Dirección de Parques, Departamento Forestal, Gobernación, Municipio, Petróleos Nacionales,

Ejército, Corporación de Aguas y Equilibrio Ambiental, Íntendencia de la Universidad.

Se instalará clima artificial en el depósito de libros (biblioteca) y de otros materiales sensibles al polvo, humedad e insectos. Con esto se reduce la necesidad de aseo que, aunque sea constante y es agobiador, es siempre insuficiente, gastando muy rápido escobas, barredoras, trapos y quizá cera para piso y muebles. También se evita así la fumigación y la necesidad de reponer libros y otros materiales dañados por el moho, el comején y el polvo.

Para prolongar la vida de los libros donde hay mucho polvo, lo más conveniente sería tener a los libros delicados metidos en cajas individuales, tal como se guardan los folletos y separatas. Más económico es lijar el canto superior y encerarlo (por ejemplo con Simmoniz para coches). Esto es la versión barata del canto dorado de los libros religiosos de lujo, y se llama canto encerado.

No se concibe en la actualidad que la biblioteca de una institución esté expuesta al aire viciado de una ciudad con mucho automóvil y al mucho polvo de un clima seco. También, cuando se planea una biblioteca en clima húmedo, se debe evitar el influjo negativo del exterior. Las ventanas deben ser selladas, y los vidrios deben ser polarizados (oscurecidos) para proteger los objetos y la vista, de los perjuicios que causa una irradiación solar intensa y continuada.

Las máquinas de escribir mecánicas emplearán cintas de seda o de material sintético (nailon), y en ningún caso cintas de algodón. En el momento de escribir estas líneas [1968] existe el papel carbón autorregenerador de marcas como Ísorex-Armor, que es más económico que el común, y su capa de color dorado evita las manchas negras. La secretaria y todo investigador –incluído el director– tendrá la obligación de limpiar su máquina de escribir el último día de cada semana. [Desde la generalización de los micros u ordenadores personales, ya no es menester que haya un máquina mecánica en cada escritorio, por lo que el rito de limpieza del fin de semana, será menos general.]

Si en el mismo edificio están situados institutos pertenecientes al gobierno o a la universidad, dotados de copiadores que funcionan con líquidos o, más modernamente, copiadoras electrostáticas secas ("xerocopiadoras"), no se adquirirá otra para el instituto nuevo: es obligación de las otras dependencia prestar el servidio de copiado (trayendo el instituto de antropología su papel y colaborando con el polvo de carbón o "tóner").

§34,1,2 No se admitirá que se dote al instituto de máquinas de escribir de modelo viejo ni de uso. Para los microprocesadores o PCs, generalmente no hace falta esta recomendación, pero sí que haya compatibilidad de los PCs y los "periféricos" (impresora, escaneador). Posiblemente sea más conveniente adquirir clones, por más económicos, menos desechables y susceptibles de ser adquiridos sin multimedia, bocina ni otros pormenores que no hacen falta en cada escritorio. Si hay máquinas mecánicas viejas, deben ser sustituídas por nuevas. Si en la región hay frecuentes cortes de luz, no conviene que todas las máquinas sean eléctricas, salvo el caso de que se quiera invertir en una planta de electricidad para esa oficina.

Cuando se hace el pedido de máquinas de escribir, manuales o eléctricas, además de tener los signos ¿, ¡, hay que poner como condición que sean entregadas con las modificaciones que, en cuanto a signos, necesitan los investigadores,[1] estos cambios se debe encargar *antes* de que sean compradas y pagadas las máquinas, de lo contrario la torpe burocracia de ciertos países ya no podrá poner remedio. Si de momento no hay antropólogos físicos con necesidad de ♀, de ♂ ni de signos propios de los dentistas, ni hay ninguna solicitud de letras especiales, es altamente recomendable comprar máquinas con teclado "Universal" (que tiene ¿, ¡, ˜, cedilla, gancho polaco ˛, acentos y otras peculiaridades en lugar de signos de comercio). [En los ordenadores o computadores basta con "activar" la opción Compatibilidad multilingüe (en Windows: entrando por Inicio - Configuración - Agregar o quitar nuevo software - Instalación de Windows - Compatibilidad Multilenguaje) –función que el un futuro próximo posiblemente sea automática, igual que Insertar cracteres True Type.]

Exceptuando a las máquinas de escribir, en mucho países es económicamente conveniente comprar de segunda mano aparatos como cámaras fotográficas, grabadoras. Esto permite hacer considerables ahorros.

§34,1,3 Es innecesario gastar en sueldo para una mecanógrafa. Según el país, el costo de una máquina mecánica común equivale a la sueldo de dos a cuatro meses de una mecanógrafa; lo que equivale a decir que con el sueldo de tal persona (sin contar los pagos de la seguridad social) se pueden adquirir de dos a seis máquinas al año.

[Cuando se escribió este Curso, se podía exigir que el director y cada uno de los investigadores tuvieran en su cubículo una mesa rodante con su máquina de escribir. Ya entonces era difícil encontrar a gente que no supiera usarla. Ahora, desde que existen las máquinas electrónica de escribir llamadas Ordenadores de palabras, ya no se necesita ser

---

[1] Aunque poco conocidos por los vendedores, hay "caracteres" para todas las profesiones. Estas especialidades remplazarán en el teclado a signos que los respectivos investigadores no necesiten.

dactilógrafos infalible. Estos aparatos tienen una gran pantalla y empleo de discos blandos igual que en de los ordenadores; traducen ("convierten") lo escrito a .TXT que lee cualquier PC. Tienen la ventaja de que son más

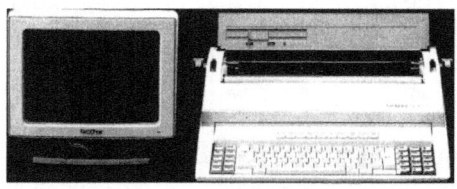

de cuatro veces más baratos que un PC. No hay que tomar cursos para su manejo (funcionan como un máquina de escribir electrónica común), no adquieren "virus", no se bloquean ni se presentan los accidentes tan comunes en los PCs. De manera que en lugar de gastar en cinco ordenadores, un instituto puede hacer economías gastando los de dos si compra cuatro Procesadores y un PC.]

Es innecesario el sueldo de una bibliotecaria, a menos que ésta cumpliera al mismo tiempo con tareas de encuadernación y restauración. Hemos visto funcionar bibliotecas con varias salas llenas de anaqueles y personas leyendo, sin bibliotecario alguno. Si los miembros del instituto son antropólogos "cabales" y no una especie de monstruos con superespecialización en un campo pero con inepcia para todo lo demás, pueden encargarse por turno (nuevamente: incluído el director) de los libros y de hacer las fichas para la cartoteca bibliográfica del instituto [o la sistematización por ordenador].

El índice de toda revista que llega al instituto, debe ser vertido (ingl.: indicized) a fichas que contengan, cada una, las referencias que permiten localizar cada uno de los artículos (§9,2). El fichero estará a la disposición de todos (§36,10,0); y si el director es capaz de dirigir con eficacia su equipo humano, la cartoteca o fichero puede contener también las referencias de obras que están en otras bibliotecas de la ciudad.

§34,1,4 Es tradición en algunos países que los escolares aprendan encuadernación; de manera que podemos suponer en esos países que los señores antropólogos serán capaces de cooperar en la sala de restauración y encuadernación. Si este conocimiento no existen, se economizará dinero futuro pagando a un encuadernador que vaya durante medio año a organizar y enseñar su técnica a los miembros del instituto. Por razones de higiene mental hará un bien inapreciable a los investigadores, poder alternar sus lecturas eruditas con interludios en el taller. No se olvide que la Empresa Particular de países industriales, obliga a sus investigadores a intercalar paseos u otras actividades motoras fuera de sus laboratorios o cubículos: higiene mental que produce buenos dividendos a la Índustria.

Si hay un mozo o mensajero en el instituto, el reglamento debe prever que él también ejecute trabajos en la biblioteca o en el taller.

Si la ciudad está rodeada de campo que producen mucho polvo, se ahorra trabajo de limpieza (tiempo del mozo o de la afanadora) si se ponen limpiapiés ("felpudos") en las entradas de los edificios. La limpieza es especialmente conveniente en los depósitos de papeles (biblioteca, taller de dibujo, de fotografía, de encuadernación) y en la fototeca. Quedará estrictamente prohibido fumar en la biblioteca y los demás depósitos recién nombrados, pues el humo  perjudica los materiales. [En los años noventa se ha generalizado también la prohibición de contaminar las salas de conferencia.] En cambio, será tal vez necesario establecer un sitio provisto de ceniceros y de ventilación natural (o de un extractor eléctrico) para solaz de los fumadores [que desde los 90 han recibido el epíteto de especie en extinción"].

Como la ciencia ha calculado que el rendimiento de muchísimas personas –acaso de todas– baja en ambientes con poco oxígeno y con mucho ruido, debe evitarse que esos inconvenientes se presenten en los espacios de institutos de investigación. No se instalará "discreta música de fondo" en la sala de lectura ni en parte alguna; estará prohibida la introducción de radios a cualquier parte del instituto. Si los sueldos se pagan para trabajar, no se justifica que haya radios portátiles para oír "el partido" durante las horas de trabajo, y es económicamente contraproducente instalar un televisor con esta misma finalidad.

En cambio, el rendimiento de los empleados –lo que incluye al director y a los investigadores– aumenta en un ambiente bien oxigenado, sin impurezas en suspensión (humo, polvo), provisto de buena iluminación natural, muebles cómodos ("ergonómicos") y de color claro, paredes limpias y claras decoradas con escasas o nulas ilustraciones y, desde luego, sin "almanaques". El secretario ejecutivo fiscalizará estos aspectos y exigirá que las piezas no tengan aire viciado.

Los cubículos en muchos instituto universitarios tienen una pizarra verde o blanca, e inclusive magnética, para trazos de bocetos y proyectos. A la larga, es más económico que el empleo de "papelógrafos".

Economía en el equipo del computador

§35,1 Se necesita de la asesoría de un técnico de buena fe para no caer en las trampas de mala fe de los fabricantes. Cuando Bill Gates lanzó su Word 98, le hizo tanta propaganda previa como los Hermanos

Warner habían hecho a su "Gone with the Wind". Una campesina norteamericana subió temprano a su "troca" para ir a la ciudad a hacer fila antes de la ocho de la mañana frente a una tienda el día del magno estreno. Ya estaba ahí las cámaras de los «medios» para «cubrir» el acontecimiento. Le preguntaron por qué tanta pisa para adquirir el Word 98, y ella explicó: "Tengo una cría de caballos, y pienso mejorarla".

Obviamente, para ir corriendo a la ciudad, no tuvo la asesoría de un técnico o, por lo menos, no de ninguno de buena fe.

Ni Word 98 ni ninguna versión ulterior sirven para lo que buscaba aquella campesina despistada, pues están enfocadas a simplificar los contactos entre distintos PCs y «navegar» entre diferentes «servidores», así como para agilizar la confección de video-juegos. De manera que, si los usuarios no necesitan de mucha memoria aleatoria (RAM) para sus viedo-juegos, les suelen bastar  realmente poquitos megas, sin necesidad de muchas guigas.[1] Igualmente, para sólo escribir, es suficiente un procesador de 500, aunque uno de 900 sea más rápido. Es decir, que no conviene adquirir todo avance tecnológico, sino hacer instalar únicamente lo que es necesario para las necesidades del usuario. No todo PC del instituto necesita estar conectado a la línea telefónica (podría tentar a que los usuarios pierden el tiempo en «navegaciones» para las que no se les está pagando su sueldo.

En la mayoría de los países iberoamericanos, lo más conveniente es mandar confeccionarse un PC a su medida, llamado clon.

Si en la oficina no hay un etnomusicólogo, no se necesitan de altavoces en los PC, ni de tarjeta de video ni de aditamento alguno. Las pantallas de 17" serán recomendables para digitadores y dibujantes profesionales, pero un gasto innecesario para el resto del personal.

§34,3 Lo que se necesita, es un curso de digitación *de calidad* para cada usuario, con el fin de que no se dependa de digitadores profesionales. Véase §35,0.6

§35,2 Durante tres cuartas partes del s. XX se suponía que todos debían saber manejar el teclado de una máquina de escribir. En el s. XXI, los teclados electrónicos se han vuelto más complejos y se reclama del estudiante y de los investigadores, una competencia que vaya más allá de una "chuzografía" primitiva.

---

[1]   Transcribo así, para que se pronuncie como en griego γίγα, y no como džayga.

Mas, casi siempre los usuarios de un teclado del nuevo milenio, han aprendido a este respecto menos que los del anterior. Por lo que hace falta asistir a un curso dirigido a quienes creen ya saber manejar un PC (profesores y secretarias), pero que, de hecho, desconocen ciertos pormenores fundamentales.

Este curso deberá atender los siguientes aspectos:

1°   Los pasos iniciales (al prender el PC)
2°   Empleo de opciones menos iniciales
3°   Conocimientos de opciones avanzadas
4°   Iniciación en manejos avanzados (para no depender tanto de un técnico)

Ejemplos de contenidos de esas partes:

1°:   Arreglos que se hacen de forma definitiva y otros que hay que hacer cada vez de nuevo. Ejs.: las barras, sus íconos (como Ω), las ftes. que se suelen usar, sangría, margen derecho, tamaño del papel.

2°:   Empleo de Borrador con la impresora (para gastar menos tinta). Instalación de Atajos (como para signos de matemática, química o lógica, que alguien necesite a menudo) y de Macro-órdenes. Manejo de Discos A, D, E. Manejo de anejo ("attachment") del Correo electrónico, y de la opción de Comprimir (como el Win-zip).

3°:   Empleo de todo lo que no es texto: Ecuaciones, Tablas, Dibujos, Objetos, Incrustar fuentes True type - Sólo caracteres en uso.[2]

Establecerse sus normas y claves para una buena presentación de los Mss (manuscritos), o sea: definir la función de "señaladores", como « »," ', " ", ' ', ' ', |, [ ].

Parco empleo de recursos como: cambios de fuentes, subrayados, VERSALES, VERSALITAS. No acato de las cambiantes normas del Icontec (de Colombia). Saber cómo hacer citas y cómo hacer las notas a pie de página. Conocer la existencia de letras compuestas, como fi, fl (y en últimas versiones: ff ffl,ffi), de letras para otros idiomas (ß č š ã İ Æ ā ē ą ę) y textos historizantes (ej.: *Hiſtoria de Eſpaña*).

4°:   En este apartado meter también las explicaciones de todo lo que aparece como recursos en pantalla, ej.: en Herramientas, y los que aparecen en Inicio, Panel (no "Pánel") de Control.

---

[2]   Puede ser que en el futuro, esta función se cumpla automáticamente.

Cómo se organiza un instituto de antropología

§36,0 Durante tres cuartas partes del s. XX se suponía que todos debían saber manejar el teclado de una máquina de escribir. En el s. XXI, los teclados electrónicos se han vuelto más complejos y se reclama del estudiante y de los investigadores, una competencia que vaya más allá de una "chuzografía" primitiva.

Mas, casi siempre los usuarios de un teclado del nuevo milenio, han aprendido a este respecto menos que los del anterior. Por lo que hace falta asistir a un curso dirigido a quienes creen ya saber manejar un PC (profesores y secretarias), pero que, de hecho, desconocen ciertos pormenores.

Este curso deberá atender los siguientes aspectos:

1º   Los pasos iniciales (al prender el PC)
2º   Empleo de opciones menos iniciales
3º   Conocimientos de opciones avanzadas
4º   Iniciación en manejos avanzados (para no depender tanto de un técnico)

Ejemplos de contenidos de esas partes:

1º: Arreglos que se hacen de forma definitiva y otros que hay que hacer cada vez de nuevo. Ejs.: las barras, sus íconos (como Ω), las ftes. que se suelen usar, sangría, margen derecho, tamaño del papel.

2º: Empleo de Borrador con la impresora (para gastar menos tinta). Instalación de Atajos (como para signos de matemática, química o lógica, que alguien necesite a menudo) y de Macro-órdenes. Manejo de Discos A, D, E. Manejo de anejo ("attachment") del Correo electrónico, y de la opción de Comprimir (como el Win-zip).

3º: Empleo de todo lo que no es texto: Ecuaciones, Tablas, Dibujos, Objetos, Incrustar fuentes True type - Sólo caracteres en uso.[1]

Establecerse sus normas y claves para una buena presentación de los Mss. (manuscritos), o sea: definir la función de "señaladores", como « »," " " ", ' ', " ., |, [ ].

Parco empleo de recursos como: cambios de fuentes, subrayados, VERSALES, VERSALITAS. No acato de las cambiantes normas del Icontec (de Colombia). Saber cómo hacer citas y cómo hacer las notas a pie de página. Conocer la existencia de letras compuestas, como fi, fl (y

---

[1]   Puede ser que en el futuro, esta función se cumpla automáticamente.

en la última versión de Microsoft: ff ffi ffl), de letras para otros idiomas (ß č š ã Í Æ ā ē ę ę) y textos historizantes (ej.: *Hiſtoria de Eſpaña*).

4°: En este apartado meter también las explicaciones de todo lo que aparece como recursos en pantalla, ej.: en Herramientas, y los que aparecen en Inicio, Panel (no "Pánel") de Control.

Conditionēs sin quibus nōn

§36,1,0 Antes de contratar a los investigadores o de inaugurar un instituto, es conditio sine qua nōn que haya una máquina [o una Componedora de palabras] para cada investigador (lo que incluye al director) y para el administrador o secretario ejecutivo. [Por lo demás, se está generalizando la presencia de un PC en cada escritorio.]

§36,1,1 Lo primero que se hace cuando se va a organizar un instituto, es adquirir materiales de consulta, directorios de institutos, directorios de personalidades (*Quien es quien*), catálogos, directorio (llamado «direccionarios» en el extraño lenguaje de la pampa), mapas, libros de bibliografía y, sobre todo, para antropología: censos demográficos Por ser el primer paso, lleva desde 1873 el número cero en la sistemática de Dęwey.

§36,1,2 Lo segundo que se hace, es adquirir suscripciones pagadas de algunas revistas y comprar todos los tomos de homenaje que se pueda (serán pocos), lo mismo que las memorias o actas de los congresos.

§36,1,3 Lo tercero que se hace, es proceder a integrar el archivo (§33,4), lo que incluye la diateca (almacén de diapositivas), biblioteca (almacén de impresos, al que puede pertenecer la cartoteca, mapoteca, y fototeca), ceramoteca, así como las copias de las fichas y registros o libreta de investigación, lo mismo que los informes de los trabajos realizados.

§36,2 El director realizará juntas periódicas, por ejemplo cada quince días, con sus colegas de instituto. Todo director depende de su superior y tiene que reunirse con el en determinadas fechas, según lo estipule el reglamento. Si antes de una de esas reuniones periódicas hubo decisiones o peticiones acordadas en una junta de investigadores, uno de ellos acompañará al director a la reunión donde el superior.

§36,3,1 Si entre los empleados (lo que incluye al director) hay una dama con título doctoral, se le apostrofará como *doctora*, y como tal referirá a ella al hablar con cualquier empleado del instituto, con un visitante o con un superior jerárquico. Aunque podamos lamentarlo, en muchas regiones el empleo de don es tomado como un anacronismo y de poca información real, por lo que ha desaparecido casi por completo. No se recomienda la reciente moda extranjerizante del tuteo, excepto si la tradición local permite que una persona mayor o maestro, algo paternal y protector, tutee a la generación joven, la cual contestará siempre con usted. Para referirse a los investigadores no se seguirá la moda, también de origen foráneo, de emplear el nombre de pila, sino el apellido Quedan proscritos los apodos.[2]

§36,3,2 En la puerta de entrada de cada cubículo estará el nombre, apellido y título académico (lo que no incluye grados anteriores a la licenciatura) del ocupante, mas no el título nobiliario. El título será explícito: M.A., Lic. letr., Lic. teol., Lic. jur., Lic. med., Dr. med., Dr.jur., Dr. Phil. o Dr. fil., Dr. teol.. El título de «Dr .en antropología» no existe, por cursarse las materias antropológicas o etnológicas solamente en una facultad de Filosofía y Letras (ingl. Humanities).

§36,3,3,1 Pasada la puerta que da a la calle grande, y antes de la de cancel, habrá un gran panel o letrero con el apellido, título y cargo cada uno de los empleados. Se puede prescindir de una recepcionista si se instala un sistema eléctrico y telefónico (citófono, portería eléctrica) para llamar y comunicarse con la persona que se busca, y habrá una cerradura con pestillo eléctrico que se acciona desde dentro (si no desde cada cubículo, por lo menos desde un sitio no muy alejado de la de cancel y propio para recibir al que ingrese. El tiempo que la puerta esté abierta, sonará una alarma.

[En los países en que la explosión demográfica no causa también una explosión de la delincuencia,] este gasto de instalación no sólo ahorrará más adelante molestias continuas, sino el gasto inacabable de una persona dedicada a estar a mantenerse junto a la entrada.

§36,3,3,2 Habrá rótulos que indiquen la conveniencia o la exigencia de que el visitante se limpie la suelda de los zapatos y bote su cigarrillo en el cenicero, antes de entrar en el instituto.[3]

§36,3,3,3 Si el instituto tiene línea telefónica, esta debe ser instalada con aparatos receptores en cada cubículo, pero sin el disco (ingl. dial) de marcar. Así quedan funcionando sólo como extensiones receptoras

---

[2]   La enumeración que se hace en §36,3,1 y §36,3,2 puede parecer innecesaria, pero, al igual que el resto de este libro, se basa en experiencia vividas.

[3]   Así se ve, entre otros lugares, en Tucumán. En contraste, en una ciudad algo más al sur, lo que se ve son los pisos quemados por los puchos: signo inequívoco de falta de maneras. ¡Y gente así intenta hacer culturología!

pero no marcadoras de la línea instalada en la oficina del ejecutivo o de la secretaria.

§36,3,4 Conviene que, con o sin conexión a la red telefónica, haya un sistema de interconexión desde la dirección a los cubículos, a la secretaría y a la biblioteca y si posible entre los cubículos.

§36,4 No es necesario que los depósitos y talleres estén cerrados con llave. Antes al contrario, si alguien desea entrar en la sala de dibujo, de fotografía, fototeca, biblioteca, ceramoteca, etc., es seguramente porque tiene una razón para ello. Lo que sí será conveniente, es mantener bajo el número de investigadores y del personal en general, para conservar un esprit de corps que sería imposible con la masificación, como imposible sería entonces tener abiertas las cerraduras de cada cuarto. Si bien se puede mantener abiertos los cubículos, los investigadores deben tener llaves para el escritorio, las alacenas (ingl. closet), gavetas de fichas y demás archivos personales.

§36,5,1 El director de un instituto de antropología no debe tener menos de 35 ni más de 58 años. Son los años de su vida en que mejor puede desplegar sus iniciativas e innovaciones. El antropólogo que tiene una edad menor o mayor de la señalada, debe ocuparse únicamente de investigar, siendo incapacitado por razones de edad para hacer frente a los retos de la actividad múltiple que comprende la atención y coordinación de los distintos campos de acción de sus investigadores.

En general, la experiencia recomienda que no se escoja a un arqueólogo para ocupar el puesto de director, excepto, naturalmente, para dirigir un instituto dedicado exclusivamente a la arqueología o a la prehistoria –lo que se deberá reflejar en el nombre del instituto. Cuando hay que escoger entre un candidato tildado de antropólogo social y otro tildado de antropólogo cultural, no se vacilará en escoger al último (cf. a ⊃ b, §17,2).

§36,5,2 El director del instituto debe pedir a sus colaboradores la lista de gastos especiales que posiblemente se necesiten hacer el año siguiente. Con base en ello debe elaborar un presupuesto, que será leído y discutido en la siguiente reunión quincenal con los investigadores (§35,2). Modificado o aprobado íntegramente, será cursado a la superioridad.

§36,5,3 Todo instituto debe tener una partida anual (o, más *elegancioso*: "asignación presupuestal") de dinero perfectamente establecida, dividida por lo menos en cinco rubros: a] caja chica, b] sueldos, c] gastos de investigación, d] suscripciones a revistas (que debe estar separada de una posible partida de compra de libros), e] adquisiciones de objetos.

§36,5,4 La superioridad debe conceder al director la facultad –si para ello cuenta con la anuencia de los investigadores– de hacer modificaciones de emergencia en la distribución de los dineros (exceptuados los sueldos, que la tesorería deber girar a las cuentas postales o bancarias de cada empleado, §36,6),

Podría presentarse, por ejemplo, el caso de la urgente necesidad de salvar en la precordillera andina un yacimiento repleto de mandíbulas supuestamente neandertaloides, que están siendo arrasadas por bulldózeres y aplanadoras, y que el dinero correspondiente al presente trimestre para antropología física y pesquisas arqueográficas se hayan agotado pero que, en cambio, todavía hay fondos que corresponden a la sección de glotografía y de adquisición de materiales. En casos así, la junta (§36,2) autorizará al director o al secretario ejecutivo, que se tome inmediatamente los fondos necesarios. El dinero así obtenido será devuelto o reorganizado en el trimestre siguiente, cuando llegan nuevas remesas de fondos. Otros ejemplos podrían ser las gangas de bibliotecas en venta, o de libros de ocasión o de objetos de valor museográfico, o también de instrumentos o aparatos adquiribles bajo precio fuera del comercio.

§36,6 El secretario ejecutivo o el director se encargará de que todo empleado tenga una cuenta bancaria (en unos países las hay postales), a la cual será girado el importe de su sueldo. Esto significa que no se debe pagarlos sueldos en efectivo ni con cheques.

§36,7 En todo instituto existirá una comisión de estilo que vea que los trabajos escritos tengan forma castiza -como es menester en una institución cultural. Si el instituto no tiene glotólogos ni otras personas idóneas, turnará los escritos a la sección de Filología, de letras o de lingüística de la facultad de Filosofía y Letras (pudiendo ser ésta de otra universidad). De paso sea dicho que siempre conviene que la revisión la hagan personas que estén libres del influjo del lenguaje de los políticos y de la prensa, y es recomendable que procedan de otra provincia dialectal. Si en la institución hay un filólogo graduado, presidirá la comisión de estilo, o será su único miembro.

§36,8 Todo investigador tiene derecho de que sus trabajos sean publicados seis meses después de entregados a la dirección o a la autoridad que el reglamento o la costumbre prevea. Si al cabo de estos seis meses su trabajo no ha sido "tirado" (=impreso, cf. §26,0), está libre para publicarlo en cualquier parte.

§36,9 El secretario ejecutivo o una comisión de investigadores organizará las relaciones con el público, incluídos programas de radio, de televisión, exposiciones en los arcos de la Plaza Mayor, exposiciones ambulantes, conferencias de huéspedes, conferencias de los investigadores dentro y fuera de la ciudad, orientación vocacional en los colegios de bachillerato, contacto con otras instituciones. Si el instituto posee una o varias películas, podrá prestar de ella copia en celuloide o en soportes magnéticas para ser exhibidas gratuitamente en un lugar (ciertas estaciones de autobuses, ciertos parques, los pasillo cubierta de edificios públicos).

§36,10,0 Todo instituto debe tener un archivo (§33,4). Su función es recibir en depósito materiales para que sean "recuperados" en cualquier momento en menos de tres minutos de búsqueda. Este proceso de "recuperación" exige que haya un sistema de ordenamiento, y este funciona con el empleo de un código o clave.

Se llama codificación el hecho de atribuír sentido específico a determinadas señas. Estas señas pueden ser numéricas, alfabéticas, de perforaciones o de otra índole cualquiera. Fuera del almacén (depósito) existe un inventario, que tradicionalmente se encuentra contenido en un tarjetero metálico (gaveta) que informa de la existencia de los objetos almacenados (depositados). [Inicialmente podría ser un gasto innecesario un ordenador electrónico, con su costoso programa, pero con el tiempo será conveniente su adquisición.]

La intención del almacén no es guardar objetos para que nadie los toque, sino para que puedan ser puestos a la disposición de quien los solicite.

§36,10,1 Existen, en el mercado, fichas comunes de archivo, de tamaño bibliográfico o mayor, y existen desde fines del siglo XIX tarjetas con perforaciones y muescas marginales, son muy prácticas, pero las fábricas están dejando de producirlas. Ya hemos descrito las tarjetas bibliográficas (§9,2) que, contrariamente a las perforadas, no irán a desaparecer por ser útiles en archivo personal de toda persona, y necesaria en toda institución [no están sujetas a cortes de electricidad ni a "virus" o a sabotaje informático].

Vale la pena explicar cómo funcionan las fichas de perforación y muesca, aunque ya estén a punto de desaparecer de la tierra y cuando ya no existan, será interesante saber cómo eran. Este sistema tiene por finalidad realizar manualmente la "recuperación" rápida de fichas, de acuerdo con aspectos de la información que ellas contienen.

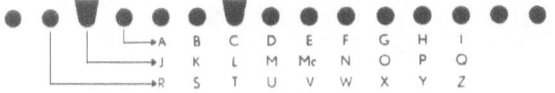

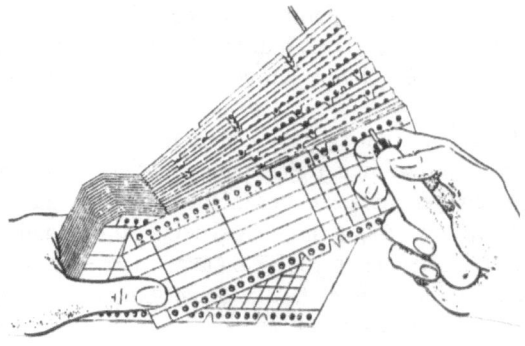

La "recuperación" se logra mediante un código aplicado a una serie continua de perforaciones cerca de los bordes de las tarjetas. Por estas perforaciones se pasa una aguja, la cual ensartará y sostendrá ciertas tarjetas, pero dejará caer de regreso a la caja las tarjetas a las que el archivista haya roto la perforación volviéndola una muesca: por esta muesca (o agujero que ha dejado de serlo) la aguja sale del cuerpo de la tarjeta, dejando de sostenerla. Pueden emplearse varias agujas al mismo tiempo. A continuación un ejemplo de codificación de "sí" y "no" que sólo emplea ocho perforaciones marginales:

CÓDIGO ALFABÉTICO PARA TARJETAS DE PERFORACIONES MARGINALES Y MUESCAS

§36,10,2 Por querer el antropólogo no sólo conocer el pasado remoto, sino el de su propia cultura, mencionaremos que en los años 60 existían diversas casas comerciales que fabricaban tarjetas de perforación marginales (Keysort, Flexisort, Zotocoding, EZ Sort System, Macbee). La clave o código era establecido por los usuarios que adquirían las tarjetas. Algunos sistemas tenían cartabones prefabricados. En todos los sistemas, las perforaciones vienen de fábrica en las tarjetas. Las muescas se hacían con una tijera-pinza especial.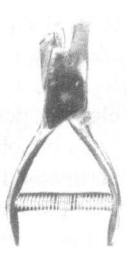

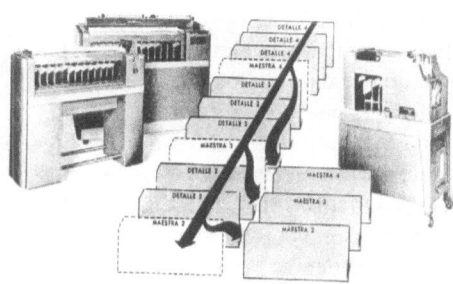

Eran de más fácil manejo que las "Bases de datos" electrónicas, e interesantes para institutos cuyos investigadores quieren seleccionar tarjetas de archivo en combinaciones cada vez distintas. Desde luego, estos sistemas eran mucho más económicos que el antecedente inmediato de la informática moderna: las tarjetas perforadas con trece líneas y ochenta perforación cuadrangulares, que servían para entrar en contacto con los computadores. Eran ordenadas en pesadísmas máquinas de dos metros de largo. Claro que todo esto ha sido superado desde la popularización de los microprocesadores y los programas con que se les ceba (ingl. *to charge*).

§38,11,0 De lo hasta aquí expresado, se desprende que en la actualidad ya no se puede hacer fichas[4] de manera arbitraria y personalista o, como diría el pueblo: a lo lírico.

No cualquier pedazo de cartoncillo o de papel, con garabatos puestos a mano, es una "Ficha" (§29). Existen normas que deben ser respetadas lo mismo por los señores alumnos que por los señores que ya son profesionales.

§36,11,1 Una ayuda para la clasificación de los materiales con que opera el antropólogo es la inclusión de la clave de la *Guía* de Murdock

---

[4]   Es mejor emplear ficheo, archiveo que «fichaje» y «archivaje», pues las palabras terminadas en -aje tienen frecuentemente una connotación despectiva: coloniaje, gorilaje, onganiaje, coyotaje, maridaje. Asimismo es galicismo «tiraje» por "tiro" o "tirada".

(§11,3) en un extremo de la parte A de la ficha (§29,3,1), además del código que emplee el instituto.

§36,11,2 Aunque no ha de ser compartida la inmensa fe que algunas personas tienen en el sistema de la *Guía* aludida, tampoco es justo el soberano desprecio que le hemos encontrado entre estudiantes europeos. Lo que sería factible, es introducirle algunos agregados, por ejemplo haciendo una diferenciación entre procedimientos tecnológico y procedimientos ergológicos.

La clave o código de la *Guía* quiere ofrecer un sistema de aceptación universal. Y es por esto que el director tiene la obligación de exigir a sus colaboradores que éstos le entreguen las fichas de sus investigaciones provistas –sin excusas– de la clave de Murdock.

En esta forma, en cualquier momento cualquier persona puede localizar en cualquier archivo cualquier dato de los que prevé la *Guía*. Los institutos pueden pedir informaciones de ciudad en ciudad, de país en país (§22,7,1) con la sola mención de la clave [lo que hoy se puede hacer por línea de fax o de correo electrónico]. Los tiempos de las limitaciones provincianas han pasado. Las fichas procedentes de una exploración pueden ser agregadas a las gavetas [o PCs] que contienen materiales anteriores, y las fichas procedentes de un instituto deberían ser incluídas en el fichero de otros institutos.

§36,11,3 A continuación transcribo en forma parcialmente condensada el índice de la Guía de Murdock:

GUÍA

PARA LA CLASIFICACIÓN
DE LOS DATOS CULTURALES

---

[1] Se ruega encarecidamente no emplear el italianismo "ubicación", difundido desde la pampa.

---

[2]   Se refiere realmente a la arqueo*logía*, no a la arqueo*grafía*.

34 Edificios
35 Equipo y conservación
    de edificios
36 Poblamientos
    361   Tipos de asentamientos
    humanos
    Condiciones de la vivienda
    363   Calles y tránsito
    364   Servicios sanitarios
    365   Servicios públicos
    Parques y jardines públicos
    Servicios urbanos varios
    Vivienda rural y urbana
37 Energías y fuerza motriz
38 Industria química
39 Fabricación de medios
    de producción
40 Máquinas
41 Herramienta, instrumentos
    y aparatos
42 Propiedad
43 Intercambio
44 Comercio
45 Hacienda
46 Trabajo
47 Organización del
    comercio y de la
    industria
48 Viajes y transportes
49 Transportes por tierra[3]
50 Transportes por agua y
    aire
51 Nivel de vida y rutina
    diaria
52 Recreo personal,
    esparcimientos

53 Bellas artes
    531   Artes decorativas
    532   Artes plásticas
    533   Música
    534   Instrumentos músicos
    535   Danza
    536   Teatro
    537   Oratoria
    5381 Literatura oral
    5382 Literatura escrita
    539   Textos transcritos
54 Espectáculos y
    diversiones públicas
55 Individuo y
    movilidad social
    551   Nombre de personas
    552   Nombre de animales y
    objetos[4]
    553   Manera de imponer
           los nombres
    554   Rango, y prestigio
    555   Movilidad social
           por talento
    556   Acumulación de
    riqueza
    557   Movilidad social por
           manipulación e intrigas
    558   Pérdida de
           rango o status,
           de papel y de prestigio
56 Estratificación social
57 Relaciones personales
58 Matrimonio
59 Familia
    591   Residencia
    592   Grupo doméstico
    593   Relaciones familiares
    594   Familia nuclear
    595   Poligamia

---

[3]   En el original decía Transportes
terrestres, pero en un mejor
romance es recomendable evitar los
adjetivos derivados y dar empleo a las
preposiciones como *de, por*.

---

[4]   Estos debe ser recabados también en
formas poseídas ('falda' y 'mi falda').

596 Familia extensa
597 Adopción
60 Parentesco
Terminología del parentesco
Relaciones entre parientes
603 Abuelos y nietos
604 Tíos y sobrinos
605 Primos
Suegros, yernos, nueras
607 Cuñados
608 Parentesco artificial,
compadrazgo,
parenté à plaisanterie
609 Conducta para con
no emparentados
61 Grupos de parientes
611 Reglas de descendencia
612 Parentelas
613 Linajes
614 Sibs
615 Fratrías
616 Mitades
617 Grupos de parientes
bilineales
618 Clanes
619 Tribu y nación
62 Comunidad
63 Organización territorial
64 Estado
**65 Actividades
gubernamentales**
66 Vida política
67 Ley
68 Delitos y sanciones
69 Justicia
70 Fuerzas armadas
71 Tecnología militar
72 Guerra
73 Problemas sociales
74 Bienestar y

Salubridad Pública
75 Enfermedad
76 Muerte
77 Creencias
78 Prácticas religiosas
79 Organización
eclesiásticas
80 Números, pesas y
medidas
81 Conocimiento científico
y filosófico
82 Ideas acerca del hombre
y del mundo
83 Vida sexual
84 Reproducción
85 Infancia y niñez
86 Socialización
861 Técnicas de inculcación
862 Destete
863 Hábitos de limpieza
864 Hábitos sexuales,
Control de la agresividad
Hábitos de independencia
865 Transmisión de normas
sociales
87 Educación e instrucción
88 Adolescencia, edad
adulta, y ancianidad
881 Pubertad
882 Rango de los
adolescentes
883 Actividades de los
adolescentes
884 Mayoría de edad
885 Edad adulta
886 Vejez
887 Actividades de los
ancianos
888 Rango y tratamiento de
los ancianos

§36,12,1 Los investigadores no sólo tienen la obligación de entregar un tanto ("tanda") de sus fichas (pueden ser copias al carbón) de etnografía, laografía (folclor), sociología, sino también el original de sus libretas de investigación, o sea, de sus diarios de trabajo.

§36,12,2 Es sobre todo en arqueografía en que, años después, la consulta de los registros diarios de campo (libreta de campo) puede resultar imprescindible para la justipreciación de un hallazgo. Muchas veces es el propio investigador u otra persona va a analizar críticamente las circunstancias de un hallazgo.[1] Personas temerosas de que se descubran posibles debilidades procedimentales, preieren no hacer registro ("protocolo") alguno.

Pero en institutos serios existe el postulado: "Ninguna excavación sin registrto", de lo que se pude derivar una norma profesional: "Sin registro no hay investigadores sino huaqueros."

Repitamos: las libretas de campo originales deben ser entregadas al instituto, y el investigadores confeccionará una copia, sea manuscrita, sea en xerografía (copia en seco) o más moderno:en un disco RW].

§36,12,3 Por no trabajar con un diario de campo, los lingüistas no entregarán una libreta así, sino una versión mecanoescrita [o "digitada" en ordenador] de sus vocabularios y frasearios. De los diversos tipos de fichas (en papel delgado, en tarjetas con perforaciones marginales) pueden, naturalmente, hacer copias para su uso personal, ya que al mudarse de ciudad querrán seguramente proseguir en el trabajo iniciado y, en cambio, hay poca probabilidad de que en el instituto del que se va, se continúe con la obra que quedó truncada. Dejarán igualmente en el instituto una copia al carbón de los apuntes que haya hecho en fichas, sacadas de fuentes etnohistóricas, pero sería más gentil y más económico transcribir esos datos en cuartillas comunes, claro que con máquina o PC.

Estos materiales deben estar completos. (El autor ha conocido el caso cínico de un tal Valdivieso quien hizo gastar al Museo Nacional, hasta su jubilación, el sueldo suyo y de una mecanógrafa, para confeccionar el diccionario de una lengua tonal que él dominaba a la perfección. Pero lo único que hizo fue dar a la mecanógrafa la orden de copiar un diccionario zapoteca colonial haciendo la sustitución de c por k, y empleando č, ž, š -mas sin tomarse la molestia de agregar lo que pudo haber sido la aportación suya a nuestro conocimiento de su lengua nativa: ¡las alturas tonales!)

---

[1]   En una ocasión no entendí bien lo tocante a los estratos, en un informe publicado. Gentilmente su autor me prestó su diario de campo para que pudiera to salir de mis dudas. Lo que encontré, fue una diferencia entre ambos escritos y la convicción de que mi amigo trabajaba de manera sucia.

§36,13 El instituto archivará también materiales fotográficos. Estos son de diversa índole.

Los rollos negativos que haya pagado la institución deberán ser entregados a archivo, una vez revelados. Para fotos personales el investigador llevará otra cámara, que le servirá también para satisfacer las exigencias de sus peones, anfitriones y amigos; cf. §24,2.

Cuando se manda revelar, se ordena que saquen copias de contacto, y éstas se pegarán en una cartulina de un tamaño que es bien conocido por los fotógrafos Huelga decir que estarán anotados los números que indican el sitio que ocupa cada toma del rollo, y que en la parte superior de la cartulina o cartoncillo irán las indicaciones alfanuméricas y en lenguaje corriente, necesarias para la consulta y para la "recuperación". Pueden emplearse tarjetas con perforaciones marginales. Esos rollos no contendrán fotos personales.

Además, el instituto archivará copias fotográficas sueltas, fijadas en sendas cartulinas de características precisas (§29), que incluyan la referencia necesaria para la "recuperación" del negativo.

Es costumbre también integrar colecciones de películas en positivo (§31,5). Estas colecciones se guardan en la diateca, término que significa depósito de diapositivas. Las colecciones de programas fijos, para uso didáctico inalterable, están en tiras (ingl. strip), y son más bien de uso escolar. Programas semejantes pueden ser integrados en monturas individuales, o sea, en diapositivas (¡no diga slaid ni transparencias, que ambos son anglicismos!), que se guardan en carretes de 10, 15, 20, 36 o 50 monturas, en venta en el comercio para proyecciones automática comunes. No convienen los carretes de tipo "carrusel", salvo para museos. Estos carretes son vendidos en gavetas de plástico hechas de tal manera que se pueden encimar y formar un archivo muy manejable. A diferencia de las tiras, ofrecen la posibilidad de alterar el programa, la consulta óptica en una diateca es casi imposible, y son más bien para uso doméstico. Habría que sacar una por una las diapositivas, ponerlas al revés (en el carrete están de cabeza), levantarlas a la altura de los ojos, ver que

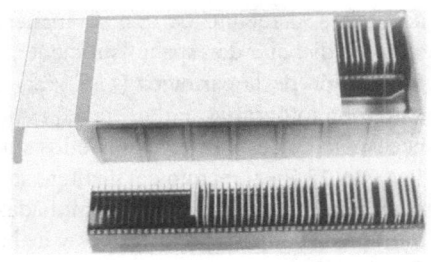

contienen, voltear las de nuevo, y regresarlas su sitios, sin equivocarse.

Los institutos de investigación no deben trabajar con programas fijos o de torpe desenvolvimiento. De esto se deriva la necesidad de prever mecanismo de variación. Cf. las combinaciones variables de §36,10, principio básico de la documentación. La índole fotográfica de su información es visual, de ahí que la consulta de una diateca debe ser óptica.

En lugar de los carretes guardados en gavetas recomendables para el particular, los institutos europeos tienen un muebles especial, provisto de una pantalla esmeriladas iluminada por detrás, frente a la cual se deslizan bastidores metálicos o de madera que sostienen las diapositivas. Son monturas, y su medida es de 50 × 50 cm en la generalidad de los casos.

Un modelo práctico de tal diateca de consulta óptica inmediata, y de "recuperación" más "combinación variable", es el mueble que se ve en §28.

A cada lado del a pantalla luminosa, que se encuentra en el fondo del mueble, hay una cantidad de aproximadamente 20 bastidores. Cada uno con más de un centenar de diapositivas. Cada bastidor tiene una ceja para tirar de ella y colocarlo frente a la pantalla, así como para recibir una etiqueta. El mueble tiene cabida para aproximadamente 4000 diapositivas, y está provisto de dos puertas corredizas, con llave.

§36,14 Se archivan rollos magnetofónicos, cintas de vídeo, discos grabados, y toda clase de materiales, incluídos cartelones (francés affiches, ingl. posters) de exposiciones, de turismo, de zonas de interés arqueológico, cartelones de interés demográfico e histórico (propaganda de facciones religiosas, políticas, sindicales y de colonias o comunidades extranjera en el país).

§36,15,1 Se archivarán (se guardarán, §33,4) objetos etnográficos y arqueográficos.

§36,15,2 Para cada uno de ellos se hará por lo menos una ficha que en su parte B (§29,3,3) tendrá la foto del objeto, y la descripción física de él.

§36,16 Los objetos voluminosos serán depositados en un lugar adyacente al recinto en que se encuentran las oficinas y cubículos o, si no se dispone de espacio suficiente, pueden estar en un solar aparte. La función de la cartoteca (§35,15,2) [y modernamente de la Base de datos con fotografías digitalizadas] es poder manejar estos materiales sin necesidad de desplazarse hacia ellos sino en casos especiales.

§36,17 En el recinto del instituto se exhibirá, si el espacio lo permite, diagramas, mapas, diapositivas ampliadas y puestas sobre fondo luminosos, muestras de objetos prehistóricos y de barro cocido, pero en todo caso en forma parietal, esto es, en paneles suspendidos en las paredes.

No se admitirán muebles de exhibición puestos a media pieza, ni vitrinas que sobresalgan más de 15 cm de las paredes.

Los tipos de cerámica se exhibirán en paneles didácticos, debidamente rotulados, en los cuales van cosidos pedazos ("tepalcates") ilustrativos.

Apéndice

En algunos países de habla hispana no hay niño mayor de 15 años que no conozca el alfabeto griego, y ninguna persona con bachillerato que no conozca de memoria la mayoría de los étimos griegos y latinos corrientes en castellano.

Conforme nos desplazamos hacia el sur, aumenta el acercamiento a la cultura yanqui y disminuye el interés por las raíces propias. De ahí la desaparición de cursos de latín y etimología de las escuelas de bachillerato. Esto significa que según la subprovincia cultural de que provenga el lector, reaccionará distinto ante informaciones etimológicas contenidas en una obra.

Si un autor explica que Neolítico viene de νέο- y de λίϑο-, este comentario podrá parecer pueril a unos, pero ser tal vez demasiado elevado para otros. En ambos casos, puede ser considerado como un «insulto al lector».[1]

En nombre mío y de otros autores que desean de buena fe ofrecer ciertas informaciones adicionales, quiero rogar no juzgar excesivamente a través de la situación que impera en la ciudad o en el país del lector.[2]

*

En antropología el conocimiento de las raíces es imprescindible. El antropólogo físico busca o conoce las raíces biológicas: el antropólogo cultural maneja las raíces históricas y culturales. Los étimos no son sino *un* aspecto de las raíces, pero un aspecto de mucho peso. Su abandono es el pecado de algunos ministros de instrucción públicas (que ahora se dicen de Educación, bien a los anglosajón, como también decidieron copiar Public Health como Salud Pública, en lugar de Salubridad Pública).

---

[1]   Nuestra bibliotecaria en Córdoba (Argentina) a pesar de haber estudiado en Chile, pronunciaba *devéi* el nombre Dewey, de 1873. En la versión original e inédita del presente curso, yo acoté que era de pronunciarse Dyúi. Coseché en Chile la reprimenda de un arqueólogo: «Este comentario sobra y es un insulto al lector: ¡todo el mundo conoce al filósofo Dewey y sabe como se pronuncia!».

[2]   Y que esta tolerancia hacia menciones que le parecen innecesarias, la extienda a todo el contenido del presente curso.

El desconocimiento de cualquier raíz, incluídas las etimológicas, sería imperdonable en antropología.

Por esto es preciso dar las siguientes noticias al lector:

El alfabeto griego tiene las vocales breves α, ε, ο, υ, ι, y las largas α̂, η, ω, û, î. La vocal υ se pronuncia como la ü francesa (pero puede hacerse con los labios estirados) y en castellano, en palabras de origen griego, se ha vuelto i. El digrama ου suena como una u simple. Originalmente existían también dos semivocales (o semiconsonantes): ϝ dígamma, y ι iota.

La dígamma valía w, en palabras como wóikos 'casa', 'owon 'huevo', néwa 'nueva', wóinos 'vino', kréwa 'sangre', bowü s 'buey'. Cuando estos étimos entraron en el latín, procedentes de la variante helénica del Ática, habían perdido la dígamma: woikonomī a > œconomī a, 'ōwothēkē > oothēca, woinologī a > œnologī a, Newápolis > Neápolis, Witalia > Italia.

Las consonantes de articulación momentánea (modo oclusivo, también llamado ocluído) son π, τ, κ, que son sordos (esto es, sin vibración de las cuerdas vocales), de estos el ocluído ' sólo se presenta en posición inicial, y suena como ʔ. Los correspondientes sonoros de π, τ, κ son β, δ, γ. Con un soplo agregado, es decir, como p', t', k', se pronuncian los sordos φ, ϑ, χ. En la Edad Media se fue abandonando la pronunciación con ', y φ, ϑ, χ pasaron a ser fricativos. En lugar de la letra ϑ se emplea también θ. Nasales son μ, ν.

Existe el sonido de "hache" (que fonéticamente es la vocal "šwa" sin vibración de las cuerdas vocales), su representación es '; este sonido h comparte con ʔ la característica de tener la misma limitada distribución.

Hay una consonante "líquida lateral" λ, y una "líquida vibrante" ϱ, que también se escribe ρ. El sibilante sordo σ, se escribe ς en posición final.

En un período relativamente tardío del desarrollo de este alfabeto, fueron inventadas y agregadas al final, pero antes de ω, las letras que indica una pronunciación africada: ψ (valor de ps), ζ (valor de dz), y ξ (valor de ks). En cambio, fue eliminada la consonante llamada qoppa, ϙ, (los romanos la conservaron: es nuestra q), que en fenicio indicaba a un sonido ocluído velar sordo, como ق árabe y ‏ק‏ hebrea.

Ninguna palabra griega empieza con vocal, aunque algunas den esta impresión, por no haberse escrito el signo que indica ʔ (') ni el que indica h ('). Omitiendo estas dos consonantes, que no tenían una letra de cuerpo entero, pero incluyendo a dígamma y ου, el alfabeto griego es:

α = a, β =b, γ =g , δ = d, ε = ĕ, Ϝσ = w, ζ =z, η = ē, ϑ, θ = t‘, ι = i, ị,
κ = k, λ = l, μ = m, ν = n, ξ = ks, ο = ŏ, π = p, ου = u, π = p, ϱ = r,
σ, ς = s, τ = t, υ = ü, ụ, φ = p‘, χ = k‘, ψ = ps, ω = ō.

Εn varios países este autor ha encontrado a estudiantes haciendo sus
anotaciones de clase en lengua nativa pero empleando el alfabeto griego.
Esto es ejercicio muy bueno para aprender a manejar el alfabeto nuevo:

τάϱα ἀπϱενδέϱ ἔλ οὖσο³ δε ἔστε ἀλφαβέτο ἔς ϱεχκομενδάβλε
ἐμπλεαϱ λέτρας γριέγας ἀϜγκε⁴ σε ἐστέ ἀνοτάνδο βόσες ἔν
ἰδιόμα νατίβο. με λιάμο πέδϱο, Ϝίλιαμ, χάιρο, λούπε. τέγγο
϶έ ἀπϱενδέϱά λεέϱ ἐλ ἀλφαβέτο ἐλένικο, κόν ἐλ φίν δέ
ποδέϱ ἐντενδέϱ λός ἔτυμοςκέ σέ μενσιόναν ἔν λός λίβϱος
϶έ ἱστόϱια δέ λα κουλτούϱα ἰ δέ ἀντϱοπολοχία.

A continuación se ofrece una cortísima lista de étimos y de algunas
palabras técnicas que se forman con ellas. Es preciso observar la posición
que ocupa el guión. Si antecede al elemento, por ejemplo en -ίκός, nos
indica que es pospuesto a otro. Al contrario, si el guión está al final, nos
indica que el elemento antecede a otros, como en περί-, ἡμι-.

andr-, antropo	(ἀνδϱ-, ἀνϑϱοπο- 'hombre') andrógino, antropogeografía
bárbaros	(βάϱβαϱοι 'bárbaros') barbarie
celt-	(κέλτοι 'celtas') celtas, Celtiberia
ceram-	(κεραμική 'alfarería')⁵ cerámica (singulare tantum
cosmos	(κόσμος 'orden') cosmo, anticosmo, cosmogónico
-crático, -cracia	(κράτος 'gobierno') gerontocracia, tecnocracia
cromo-	(χϱῶμα 'color') cromosoma, cromoscopia, polícromo
crono-	(χρόνος 'tiempo') diacrónico, glotocronología
ctónico	(χϑῶν 'tierra') χϑωνικός 'relativo a la tierra'
demo-	(δῆμος 'pueblo') demótico, demagogo, demoscopia
dromo-	(δϱόμος 'camino') dromos, hipódromo
ergo-	(ἔργον 'trabajo', ἐνεϱγεία 'energía') ergología, ergon
escitas	(σκύτοι 'escitas')

---

³ Una notabilidad del griego es que los diacríticos se ponen siempre en la segunda
vocal. Cf. más adelante λούπε.
⁴ En griego la letra γ tiene valor de η ante κ, γ, y χ.
⁵ Palabras que terminan originalmente en -ική (cerámica, fonética...) no se debieran
pluralizar.

étimo	(ἔτυμον 'raíz verdadera de la palabra') etimología
etno-	(ἔθνος 'pueblo') etnia, étnico, etnogénesis
gamo-	(γάμος 'matrimonio') hierós gamos, gamopétalo, endógamo
-gogo	(ἀγωγός 'conductor') psicogogo, demagogo, pedagogo
gine-	(γυνή 'mujer') ginecocracia. gineceo, andrógino
glos-, glot-	(γλῶσσ-, γλῶττ- 'lengua') glosario, glótico, glotocronología
graf-	(γαρφ- 'escribir') grafía, grafema, gráfico, tipografía
fon-	(φονή 'sonido') fónico, alófono, fonema,fonemático, fonético
hagio-	(ἅγιος 'santo') hagiología
helio-	(ἥλιος 'sol') heliografía, heliolatría, heliotropismo
hiero-, jero-	(ἱέρο- 'sacro') hierós gamos. jerarquía,jeroglífico
hipno-	(ὕπνο- 'sueño') hipnótico, hipnología
hipo-	(ἵππο- 'caballo') hipodrómo, hipocampo, hipopótamo
hipo-	(ὑπό- 'sub-') hipogeo, hipotálamo, hipótesis
-ico, -tico	(-ικός, -τικός 'terminación adjetivizante')
kil-, quil-	(χιλία 'mil') kilómetro, quiliástico, quilarca
laico	(λαικός 'relativo al λάος' = 'pueblo, vulgus'), laografía,
lepto-	(λεπτός 'delgado') leptorrino
leuco-	(λευκός 'blanco') leucocito, Akra Leukē > Alicante
licios	(λύκιοι 'licios')
lítico	(λιθικός 'relativo a λίθος 'piedra'), mesolítico
logos, -logía	(λόγος 'palabra', -λογία 'tratado') lógicadendrología
-mancia	(μαντεία 'adivinación') mántico, cartomancia
morf-	(μορφή 'forma') amorfo, morfema,morfemática
odont-	(ὀδόντος 'diente') mastodonte, ortodoncia
osteo-	(ὀστεῦς 'hueso') osteolito, osteomalacia, osteomielitis
plati-	(πλατύς 'plano') platirrino, platea
potámico	(ποταμικός 'relativo al πόταμαμος río') cultura potámica
talásico	(θαλασσικός 'relativo a θάλασσα mar') cultura talásica
teriomorfo	(θήριον 'bestia, fiera' + μορή) πότνια θήριον 'dueña del monte'
thymós	(θυμός es en lat. 'īra, cupiditas') ciclotímica

sema-, semant-	(σῆμα 'seña') semáforo, semántica
tesis	(θέσις 'ponencia, puesta') prótesis, hipótesis
-tético	(θετικός 'relativo a la θέσις') antitético
xero-	(ξηρός 'seco') xerófita, xeroftalmia, xerocopia

*

Prefijos:

alo-	(ἀλλός 'otro') alotropo, alomorfo, alófono
anti-	(ἀντί- 'contra') antítesis, antitético
an-, a-	(ἀν-, ἀ- 'ausencia') anacrónico, analfabeto
arq-	(ἀρχή 'comienzo, 'autoridad', ἀρχαῖος'primitivo') arqueología
di-	(δι- 'dos') digrama, dígamma, diteísmo, dilema, disílabo
dia-	(δια- 'a través') diatermia, diapositiva, diacrítico, diacronía
dis-	(δυσ- 'difícil') disfasia, disfunción, discapacidad
dolico-	(δολιχός 'largo') dolicocéfalo
en-, endo-	(ἐν-, ἐνδο- 'en') endocrino, endocanibalismo ritual, endogamia, endostemático (ingl. *systemic*)
epi-	(ἐπί- 'sobre') epipaleolítico, epizootia, epicentro
eu-	(εὐ- 'bien') eufónico, euforia, eutanasia, eufémico
ex-, exo-	(ἐξ-, ἐξο- 'fuera') éxodo, exogamia, exedra
hiper-	(ὑπέρ- 'encima, más alto') hipergamia, hipergeo, hipérbaton
macro-	(μακρό- 'grande') macrocéfalo, macrofotografía, macróstico
mega-	(μέγα- 'grande') megántropo, megaterio, megalito, megáfono[6]
meso-	(μέσο- 'medio') mesolítico, Mesopotamia, mesocéfalo, mesológico
micro-	(μικρό- 'pequeño') microlito, micropelícula

---

[6]   Es mejor esta designación que el italianismo «parlante».

Fuentes de consulta[1]

Acta Ethnographica Academiæ Hungaricæ Scientiarum, publicación seriada, Budapest, Artículos en varias lenguas.

Adam, L. y L. Trimborn
Lehrbuch der Völkerkunde (con lista pormenorizadas de fuentes).

Altamira, Rafael
Proceso histórico de la historiografía humana.

Ámster, A. (Editorial Universitaria, Stg° de Chile, 1969)
Guía para autores, editores, correctores y tipógrafos, 561 pp.

Anthropos, publicación seriada, de la S. del D. V., St. Augustin
Artículos en varias lenguas.

Antropología, publicación seriada,
Con este y parecidos nombres existen varias revistas en castellano.

B.B.A.B., publicación seriada, Cd. de México
Boletín Bibliográfico de Antropología Americana.

Beals, R. y H. Hoijer, 1953
Introducción a la antropología, 695 pp.

---

[1] Esta lista recoge en primer lugar las no pocas obras escritas o traducidas en lo que se puede llamar la Época de Oro de la antropología. La presente lista de libros y revistas, es para las personas que quieren iniciarse en la lectura sobre antropología. Se omiten híbridos entre sociología e investigación urbana, de interés para empresarios fabriles, de comienzos del s. XXI. No se dan en todos los casos los datos que se exigen de una bibliografía común (como ciudad, nombre de la editorial), por ser innecesarios a quienes van a una biblioteca a solicitarlos. Pero le conviene saber de antemano cuántas páginas tiene la obra.

Benedict, Ruth, 1934 reed. 1946
Patterns of Culture, 157 pp.

Benedict, Ruth, 1939
El hombre y la cultura, 362 pp.

Bianchi, Ugo, 1965
Storia dell'etnologia

Bibby, G., 1966, 1972
Hace 4000 años, 395 pp.

Bidney, D., 1964
Theoretical antropology, 506 pp.

Birketh-Smith, K., 1953
Los esquimales, 180, pp

Birket-Smith, K., 1952
Historia de la cultura, I/II, 150 y 275 pp.

Boas, F. et alii, 1938
General anthropology, 685 pp.

Boas, F., 1964
Cuestiones fundamentales de antropología cultural, 271 pp.

Bosch-G., P., editor, 1928
K I/II, 432 y 426 pp. (es traducción de Buschan, en alemán).

Bosch-G., P., 1960
El problema indoeuropeo, 385 pp.

Braudel, F., 1966
Las civilizaciones actuales, 497 pp.

Carvalho-Neto, P. de, 1969
Historia del Folklore Iberoamericano, 205 pp.

Castedo, L., 1970
Historia del arte y de la arquitectura iberoamericanas, 337

Ceram, W. C., 1953, 1983
Dioses, tumbas y sabios, 444 pp.

Current Anthropology, publicación seriada
Sólo artículos en inglés.

Círculo de Lectores, editor, 1984
Historia de la Civilización, cada tomo aprox. de 300 pp.

Childe, V. G., 1958
Sociedad y conocimientos, 141 pp.

Childe, C. G., 1964
Evolución social, 183 pp.

Chomsky, N., 1966
Linguistique cartesienne, 183 pp.

Dittmer, K.
Etnología general

Dufrenne, M. 1959
La personalidad básica, 290 pp.

Dundes, Alan, editor, 1968
Every man his way, 551 pp.

Eliade, M. 1958
Patterns in comparatives religions

Eliade, M.,1960
El chamanismo, 374 pp.

Eliade, M. y J. M .Kitigawa, 1967
Metodología de la historia de las religiones, 199 pp.

Erasmus, Ch., 1953
Las dimensiones de la cultura
Historia de la etnología en los EEU entre 1900 y 1950

Espinosa, Aurelio, 1930
Estudio sobre el castellano de Nuevo Méjico, 469 pp.

Evans-Pritchard, E. E., 1957 y 1968
Antropología social, 159 pp.

Evans-Prtschard, E. E., 1963
Anthropology and History

Evans-Pritchard, E. E., 1965
Theories of primitive religions

Evans-Pritchard, E. E., 1965
The position of woman in primitve societies, ad other assays.

Firth. R., 1961
Tipos humanos, 150 pp.

Forde, C. D. 1965
Hábitat, economía y sociedad, 392 pp.

Foster, G. M., 1962
Cultura y conquista, 402

Foster, G. M., 1964
Las culturas, la tradición y los cambios técnicos, 261 pp.

Frank, Otto, 1964
Técnica moderna de documentación e informática, 228 pp.

Frazer, J. G., 1918
Folk-Lore in the Old Testament, I/II

Fürer-Haimendorf, Chr. von, 1946
The nacked Nagas (hay edición española)

Gennep, Arnold van[2]
Les rites de passage

Ginsberg, Elí, 1964
Tecnología y cambio social, 190 pp.

---

[2]   El apellido es flamenco; se pronuncia fan jénep. De passage se traduce como *de paso*.

Goldstein, K S. 1964
A guide for field workes in foklore, 176 pp

Gräbner, FG., 1940
Metodología etnológica

González Pineda, F.
El mexicano. Psicología de su destuctividad.

Grottanelli, L, 1964
L'etnologia e le "legge" della condotta umana

Guiraud, Pierre, 1960 (hay versión ulterior, modernizada)
La semántica, 113

Guinsdorf, G., 1960
İntroduction aux sciences humaines

Haberland, M., 1940
Etnografía, 340 pp.

Hasler, J. A., 1973
Bibliographīa Americanīstica Brevis, 170 pp.

Hasler, J. A., 2003
Sonidos – Fonemas – Morfemas, pp. 251

Haymes, D. H., 1963
Language in culture an society

Herskovits, M. J., 1964
El hombre y sus obras, 782 pp.

Hobsbaum, E. J., 1968
Rebeldes primitivos, 331 pp.

Hoebel, E. A., 1961
El hombre y el mundo primitivo, 7672 pp.

Hoebel, E. A., 1966
Anthropology. The study of man, 537 pp.

l'Homme, publicación seriada
Sólo artículos en francés

Honigmann, J. J. 1964
Culture and personality

Hooton, D. H., 1963
Up from the apes, 606 pp.

İbn Battūta, 19457
Travels in Asia and Africa, 1325-1354

İmbelloni, J., 1936
Epítome de culturología, 310 pp.

Jensen, A. E., 1954
Mythes et cultes chez les peuples primitifs

Jensen, A. E.,
Mito y culto entre los pueblos primitivos

Kardiner A. y R. Linton, 1945
El individuo y su sociedad, 450 pp.

Kardiner A. y R. Linton, 1955
Las fronteras psicológicas de la sociedad, 512 pp.

Kluckhohn, C., 1959
Antropología, 365 pp.

Koch, W., 1971
Los estilos en arquitectura, 223 pp.

Kramer, S. N., 1974
La historia empieza en Sumēr, 334 pp.

Krause, F., 1932
La vida económica de los pueblos, pp. 210 pp.

Krebs, N
Geografía humana

Kríckeberg, W., 1946
  Etnología de América, 440 pp.

Kroeber, A. L., 1923, 1948
  Anthropology, 856 pp.

Kroeber, A. L., 1945
  Antropología, 525 pp

Kroeber, A. L., 1969
  El estilo y la evolución de la cultura, pp. 286

Kroeber et alii, 1958
  Anthropology today, 966 pp.

Kroeber et alii, 1965
  Antropología cultural y sociedad, 161 pp.

Leonardt, M. 1961
  Do Kamo, 276 pp.

Leeuw, G. van der, 1964
  Fenomenología de la religión, 688 pp.

Lepschy, G. C., 1968
  La linguistique structurale, 299 pp.

Lévi-Strauss, C., 1958
  Anthropologie structurale.[3]

Lévi-Strauss, C., 1964
  El pensamiento salvaje, 412 pp.

Lévi-Strauss, C., 1965
  El totemismo en la actualidad, 157 pp.

Lévi-Strauss, C., 1968
  Lo crudo y lo cocido, 335 pp.

---

[3]   La antropología estructural de Lévi-Strauss, aunque no "equivocada", ha tenido sólo un breve culto entre intelectuales australes. En cambio, el estructuralismo lingüístico es imprescindible en antropología, y ningún otro "enfoque" ha logrado sustituirlo.

Lévi-Strauss, C., 1968
   Antropología estructural,[2] 344 pp.

Lévy-Bruhl, L. 1945
   La mentalidad primitiva, 439 pp.

Lévy-Bruhl, L., 1947
   Las funciones mentales de las sociedades inferiores, 348 pp.

Lewis, O. P., 1965
   Antropología de la pobreza, 302 pp.

Ljenhardt, G., 1966
   Antropología social, 278 pp.

Linton, R., 1936
   The study of man

Linton, R., 1942. 1956
   El estudio del hombre, 546 y 477 pp. + índices

Linton, R., 1962
   Cultura y personalidad, 155 pp.

Lowie, R. H., 1920
   Primitive society

Lowie, R. H., 1934
   An introduction to anthropology

Lowie, R. H., 1946
   Historia de la etnología, 355 pp.

Lowie, R. H., 1947
   Antropología cultural, 500 pp.

Lyons, J., 1971
   Introducción a la lingüística teórica, 495 pp.

Mair, L. 1970
   Introducción a la antropología social, 364 pp.

Malinowski, B., 1930
    La vida sexual de los salvajes, 532 pp.

Marr, N. 1923
    Der Japhetische Kaukasus... im Bildungsprozeß

Martino, E. de, 1941
    Naturalismo e storicismo nell'etnologia

McNickle, d'A., 1962
    Las tribus indias de los EUA, 96 pp.

Mead, M., 1945
    Adolescencia y cultura en Samoa, 2576 pp.

Mead. M., 1952
    Educación y cultura, 264 pp.

Mead, M., 1961
    Sexo y temperamento, 150 pp.

Mercier, Paul, 1959
    Historia de la antropología

Micklem, N, 1953
    La religión, 210 pp.

Montané, J., 1965
    Bibliografía selectiva de antropología chilena, 4ª parte, 96 pp.

Morgan, L. H., 1972
    La sociedad primitiva, 470 pp.

Morris, D.,1969
    El mono desnudo, 210 pp.

Murdock, G. P., 1956
    Nuestros contemporáneos primitivos, 470 pp.

Murdock et alii, 1954 y reediciones
    Guía parta la clasificación de los datos culturales, 211 pp. + índices

Nikito Nipongo, 1958
El diccionario, 299 pp.

Nowotny, K. A. (edición alemana, 1962)
Etnografía de América, (hay edición española)

Otto, R., 1949
Le sacré, 238 pp.

Otto, R., 1965
Lo sagrado, 133 pp.

Panyella, A., 1962
Razas humanas, 371 pp.

Panyella, A., 1967
...Pueblos y razas del mundo, 605 pp.

Palerm, Á., 1969
Introducción a la etnología

Parra y Villalobos, 1963
Matemática I (para secundaria), 232 pp.

Parra y Villalobos, 1964
Matemática II (para secundaria), 336 pp.

Pelto, P. J., 1967
El estudio de la antropología, 199 pp.

Pettazzoni, R., 1922
Dio (Formaziene e sviluppo del monoteísmo nella storia delle religione)

Piaget, J., 1969
El estructuralismo, 123 pp.

Pike. K. L., 1948 y reediciones
Phonemics

Pockock, D. F., 1964
Antropología social, 135 pp.

Porière, Jean, editor, 1968
Ethnologie générale, 1825 pp.

Prévost, l'Abbé A. F., 1746-80, reed. en Hildesheim, 1968
Histoire générale des voyages ou Nouvelle collection de toutes les relations de voyages, 80 volúmenes

Radin, P., 1960
El hombre primitivo como filósofo, 364 pp.

Ramírez, S.
El mexicano. Psicología de sus motivaciones

Redfield, R., 1963
El mundo primitivo y sus transformaciones, 100 pp.

Reichel-Dolmatoff, G., 1968
Desana, 208 pp.

Reichel-Dolmatoff, G.
Los bari.

Rony, J.-A., 1965
La magia, 123 pp.

Sapir, E., 1965 (reed.)
"Culture, language and personality"

Sapir. RE., 1966
El lenguaje, 216 pp.

Schmidt, Pater W., 1912-1955
Der Ursprung der Gottesidee, I/XII

Schobinger, 1969
Prehistoria de América del sur.

Scotti, P. 1965
Che cosa'è l'antropologia culturale

Sorokin, P. A., 1960
Sociedad, cultura y personalidad, 1106 pp.

188   JUAN A. HASLER

Stuart Piccot, 1966
Approach to archæology, 1498 pp.

Sapir, E., 1965 (reed.)
"Culture, language and personality"

Sapir. RE., 1966
El lenguaje, 216 pp.

Schmidt, Pater W., 1912-1955
Der Ursprung der Gottesidee, I/XII

Schobinger, 1969
Prehistoria de América del sur.

Scotti, P. 1965
Che cosa'è l'antropologia culturale

Sorokin, P. A., 1960
Sociedad, cultura y personalidad, 1106 pp.

Stuart Piccot, 1966
Approach to archæology, 1498 pp.

Swadesh, M., reed. de artículos
Lenguaje y cultura

Swadesh, M., 1966
El lenguaje y la vida humana, 380 pp.

Swadesh, M, 1941, reed. 1968
La nueva filología, 310 pp.

Swadesh, M., 1966
El lenguaje y la vida humana, 380 pp.

Tanodi, A. 1961
Manual de archivología hispanoamericana, X + 278 pp.

Tax, Sol, 1955
"From Laffitau to Radcliff-Brown..."
en *Social anthropology in the North American tribes*, p. 445-381

Tlàtoani, Revista de la Soc. de alumnos de la ENAH, años '50
diversos artículos

Revista de la Soc. de alumnos de la ENAH, años '50
diversos artículos

Urban, W. M., reed. 1959
Lenguaje y realidad.

Wagley. Ch., 1957
Santiago Chimaltenango, 331 pp.

Wallace, A. F. C., 1963
Cultura y personalidad, 243 pp.

Webster, H., 1962
La magie dans les sociétés primitives, pp. 482.

Weyer, L. A:, 1965
Pueblos primitivos de hoy, 210 pp.

White, L. A., 1964
La ciencia de la cultura, 382 pp.

White, L. A., 1965
The social organization of ethnological theory

Whissler, C. 1929
An introduction to social anthropology.

Williams García, R.
Los tepehuas

Zapata Gollán, A., 1963
Mito y superstición en la Conquista de América, 108 pp.

Zeisel, G,., 1962
¡Dígalo con números!, 157 pp.

Literatura indigenista

Alegría, C., varias ediciones
   El mundo es ancho y ajeno.

Castro Guevara, C. A., 1959
   Los hombres verdaderos.

Castro Guevara, C. A., 1965
   Cuentos tzeltales de Chiapas, 117 pp.

Castro Guevara, C. A., en *La Palabra y el Hombre*, 1958
   "Chendú", p.401-425.

Castellanos, Rosario, en *La Palabra y el Hombre*, 1957
   "La muerte del tigre" p. 79-88.

Castellanos, Rosario, 1957
   Balún Canán, 292 pp.

Castellanos, Rosario
   Ciudad Real.

Castrillón, Diego, 1974
   José Tombé, 175 pp.

García Giraldo, A. 1984
   Érase una vez entre los chibchas.

Kroeber, Theodora
   Ishi. The man.[4]

Magdalena, M., varias ediciones
   El resplandor.

Niño, H. 1986
   Relatos primitivos, contados otra vez, 89 pp.

---

[4]   No es en realidad "literatura", sino la magnífica biografía de un recolector-cazador. Tal vez habría que crear un subdivisión literaria en que entraran obras como de Hans Rüschli *Im Land der langen Schatten*, una novela biográfica de un esquimal, *Ishi*, y la autobiografía de Esteban Bridges *Uttermost part of the Earth.*

Pozas, A. R.
   Juan Pérez Jolote.

Requena, Mª A,
   Ayema, pieza teatral, 81 pp.

Zepeda, E., 1959
   Benzulul, 164 pp.